HISTOIRES

DE NAUFRAGES

4ᵉ SÉRIE IN-12.

HISTOIRES

DE

NAUFRAGES

PAR M. ***.

LIMOGES

EUGÈNE ARDANT ET Cⁱᵉ, ÉDITEURS.

NOTA.

Cet Ouvrage a été approuvé par la Commission des Bibliothèques scolaires et des Livres de Prix.

AVERTISSEMENT.

La relation qu'on va lire est rédigée sur le journal de M. S. W. Prenties, enseigne dans le 84ᵉ régiment, infanterie, qu'il publia pour la première fois à Londres, en 1782, et dont il s'est fait cinq éditions en dix-huit mois. En conservant avec une scrupuleuse exactitude le fond historique des disgrâces qu'il a éprouvées, j'ai cru devoir chercher à leur prêter un nouvel intérêt par une narration plus vive des événements et par un tableau plus animé des situations où il a fait éclater tant de force d'esprit et de courage. Il serait à désirer qu'un écrivain philosophe choisît dans la foule immense des voyageurs ceux dont les aventures seraient les plus propres à donner du caractère à la jeunesse en frappant fortement son imagination et sa sensibilité. C'est par des traits d'industrie, de constance, et quelquefois même d'une heureuse audace, qu'il faudrait lui montrer les ressources que l'homme trouve toujours en lui-même dans les positions les plus désespérées. Cette lecture, en la préparant de bonne heure aux plus étranges accidents qui peuvent troubler le cours de la vie humaine, lui en donnerait, en quelque sorte, la première expérience, et l'animerait, par une noble émulation, à les soutenir avec fermeté.

Mes jeunes lecteurs seront bien aises sans doute d'apprendre que, sur les témoignages du lord Dalrymphe, aide-de-camp du général Clinton, et par les bons offices de M. Fischer, alors sous-secrétaire du département de l'Amérique, M. Prenties a obtenu tous les dédommagements qu'il pouvait désirer pour les souffrances et les pertes qu'il a essuyées.

RELATION

D'UN NAUFRAGE

SUR L'ILE ROYALE.

—◦—❈—◦—

CHARGÉ des dépêches que le général Haldimand, commandant en chef du Canada, m'avait confiées pour le général Clinton, je m'embarquai, le 17 novembre 1780, sur un petit brigantin qui faisait voile de Québec vers New-York. Nous allions de conserve avec une goëlette destinée pour le même endroit, et qui portait un duplicata des dépêches. Après avoir descendu le fleuve Saint-Laurent jusqu'au havre appelé le Trou de Saint-Patrice, dans l'île d'Orléans, nous fûmes retenus dans ce port par un vent contraire qui dura six jours. L'hiver faisait déjà sentir ses premiers frimas, et la glace se forma bientôt à une grande épaisseur sur tous les bords du fleuve par l'âpreté d'un froid rigoureux. Plût au ciel qu'il eût duré quelques jours de plus ! En fermant absolument notre marche, il nous aurait sauvés des malheurs dont le ré-

cit va commencer avec celui de notre navigation.

Avant de parvenir à l'embouchure du fleuve,
on s'était aperçu que le brigantin faisait une
légère voie d'eau. A peine fûmes-nous entrés
dans le golfe, que cette voie devint plus considérable; et les deux pompes, malgré leur travail continuel, laissaient toujours deux pieds
d'eau dans la cale. D'un autre côté, le froid avait
augmenté sa rigueur, et les glaces s'amonce-
laient autour du vaisseau jusqu'à nous faire
craindre d'en être entièrement environnés
Nous n'avions à bord que dix-neuf personnes,
dont six passagers, et les autres, mauvais matelots. Quant au capitaine, de qui nous devions
attendre des secours dans une position si fâcheuse, au lieu de veiller à la conservation du
navire, il passait le temps à s'enivrer dans sa
chambre, sans s'occuper un moment de notre
sûreté.

Le vent continuant de souffler avec la même
violence, et l'eau s'étant élevée dans la cale
jusqu'à la hauteur de quatre pieds, le froid et
la lassitude jetèrent le découragement parmi
les gens de l'équipage. Tous les matelots, de
concert, prirent la résolution de ne plus manœuvrer. Ils abandonnèrent les pompes en té-
moignant une profonde indifférence sur leur
destin, aimant mieux, disaient-ils, couler à fond

avec le vaisseau que de s'épuiser d'un travail inutile dans une situation désespérée.

Il faut convenir que depuis plusieurs jours leurs fatigues avaient été excessives et sans aucun intervalle de délassement. L'inaction du capitaine achevait encore de les abattre. Cependant, à force d'encouragements et de promesses, et par une distribution de vin que j'ordonnai fort à propos pour les réchauffer, je parvins à vaincre leur répugnance. L'interruption du travail avait fait entrer un pied d'eau de plus dans la cale; mais leur activité se ranimant par la chaleur de la boisson que je leur faisais donner toutes les demi-heures, ils soutinrent avec tant de constance l'effort de la manœuvre, que l'eau fut bientôt réduite à moins de trois pieds.

Nous étions au 3 décembre. Le vent semblait de jour en jour s'irriter au lieu de s'adoucir. Les fentes du vaisseau allaient toujours en s'agrandissant, tandis que les glaçons attachés à ses côtés augmentaient son poids et gênaient sa marche. Il fallait continuellement casser cette croûte de glace qui menaçait de l'envelopper. La goëlette qui nous suivait, loin de pouvoir lui prêter aucune assistance, se trouvait dans un état encore plus déplorable, ayant donné sur des rochers devant l'île de Coudres, par l'ignorance du pilote. Une neige épaisse

qui vint alors à tomber nous déroba sa vue.
Un coup de canon, que nous tirions tour à tour
de demi-heure en demi-heure, formait toute
notre correspondance. Bientôt nous eûmes la
douleur de ne l'entendre plus répondre à ce signal. Elle périt avec les seize personnes de son
équipage, sans qu'il nous fût même possible
d'apercevoir leur désastre pour chercher à les
recueillir.

La pitié que nous inspirait un sort si funeste
fut bientôt détournée sur nous-mêmes par l'ap-
préhension d'un nouveau danger. La mer était
fort grosse, la neige très épaisse, le froid insupportable, et tout l'équipage abattu. C'est
dans cet état que le contre-maître s'écria que
nous ne devions pas être éloignés des îles Ma-
deleine, amas confus de rochers, dont les uns
élèvent leur tête sur la mer, et dont les autres
cachent sous sa surface des pointes déjà fatales
à plusieurs vaisseaux. En moins de deux heures nous entendîmes les vagues se briser à
grand bruit sur ces rochers ; et bientôt après
nous découvrîmes l'île principale appelée
l'Homme mort, qu'une manœuvre pénible nous
fit éviter. Le sentiment du péril n'en devint que
plus vif au milieu d'une foule d'écueils dont il
y avait peu d'apparence que nous puissions
échapper avec le même bonheur, l'épaisseur
redoublée de la neige nous permettant à peine

d'étendre notre vue d'un bout à l'autre du vaisseau. Il serait difficile de peindre la consternation et l'effroi dont nous fûmes saisis dans toute la longueur de ce passage. Mais lorsque nous l'eûmes franchi, un rayon d'espoir entra dans le cœur des matelots, qui ne doutèrent plus que la Providence ne s'intéressât à leur salut, en considérant le danger dont ils venaient de sortir, et ils reprirent leurs efforts avec une ardeur nouvelle.

La mer devint plus agitée pendant la nuit, et le lendemain, vers cinq heures du matin, une grosse houle fondit sur le vaisseau, enfonça nos faux sabords et remplit d'eau la cabine. L'impétuosité des vagues ayant écarté l'étambot, nous cherchâmes à boucher les ouvertures avec du bœuf coupé par tranches; mais ce faible expédient demeura sans effet, et l'eau continua de nous gagner plus rapidement que jamais. L'équipage effrayé avait suspendu un moment l'exercice des pompes. Lorsqu'il voulut le reprendre, il les trouva si fortement gelées, qu'il était désormais impossible de les faire jouer.

Nous perdîmes dès ce moment l'espérance de conserver longtemps le navire, et tous nos vœux se bornaient à ce qu'il n'enfonçât pas du moins jusqu'à ce que nous fussions à la portée de l'île Saint-Jean ou de quelque autre île dans le golfe, où nous pourrions aborder à l'aide de notre chaloupe. Abandonnés à la merci du vent, nous n'osions entreprendre aucune manœuvre, de peur de causer au vaisseau quelque effort dangereux. Le nouveau poids d'eau qu'il prenait de minute en minute ralentissait sa marche, et les vagues plus rapides dont il brisait la course se redressaient furieuses et venaient se déborder sur le tillac. La cabane où nous nous étions réfugiés ne nous présentait qu'un bien faible abri contre le souffle du vent, et nous garantissait à peine de la violence des houles glacées. A chaque instant nous craignions de voir emporter notre gouvernail, et notre mât se briser. Les mouettes et les canards sauvages que nous entendions voltiger autour de nous témoignaient, il est vrai, que la côte ne devait pas être éloignée; mais ces approches mêmes étaient un sujet de terreur. Comment échapper aux brisants dont elle pouvait être entourée, dans l'impuissance où nous étions de les éviter par aucune manœuvre, et même de les apercevoir à travers le voile de neige dont nous étions enveloppés? Telle était, depuis quelques heures, notre déplorable situation, lorsque, le ciel s'étant tout-à-coup éclairci, nous découvrîmes enfin la terre à trois lieues de distance.

Le sentiment d'allégresse dont nous pénétra son premier aspect fut bien modéré par une vue plus distincte des rochers énormes qui paraissaient s'élever à pic le long de la côte pour nous en repousser. Le vaisseau venait encore d'essuyer des lames violentes, qui l'auraient submergé si sa charge eût été moins légère. Chaque nouvelle secousse nous faisait craindre de le voir s'entr'ouvrir. Notre chaloupe était trop petite pour contenir tout l'équipage, et la mer d'ailleurs trop furieuse pour lui confier un si faible bâtiment. Il semblait que nous n'étions parvenus devant cette terre fatale que pour la rendre témoin de notre perte. Cependant nous en approchions toujours de plus près. Nous n'en étions plus éloignés que d'un mille, lorsque nous découvrîmes avec transport, au détour de ces roches menaçantes, une plage sablonneuse, vers laquelle notre course se dirigeait, sans que l'eau perdît assez sensiblement de sa profondeur pour nous défendre d'en approcher de cinquante à soixante verges avant d'échouer. Le sort de nos vies allait se décider dans quelques minutes. Enfin le navire donna sur le sable avec une violente secousse. Le premier oc fit sauter le grand mât, mais sans aucun cident, et le gouvernail fut démonté d'une lle rudesse, que la barre faillit tuer un des atelots. Les vagues mutinées qui battaient de tous côtés forcèrent la poupe; en sorte que, n'ayant plus d'abri dans la cabane, nous fûmes

obligés de monter sur le pont et de nous tenir
accrochés aux haubans, de peur d'être renver-
sés dans la mer. Au bout de quelques instants,
le vaisseau se releva tant soit peu; mais la
quille était brisée, et la carcasse semblait près
de se disperser. Ainsi toutes nos espérances
furent réduites à la chaloupe, que j'eus une
peine infinie à faire mettre à la mer, tant elle
était hérissée, au-dedans et au-dehors, de larges glaçons dont il fallait la débarrasser. La
plupart des gens de l'équipage s'étant pris de
vin pour tâcher de se débarrasser de l'effroi
dont ils étaient saisis, je fis avaler un verre
d'eau-de-vie à ceux qui étaient restés sobres, et
je leur demandai s'ils voulaient s'embarquer
avec moi dans la chaloupe pour gagner la terre.
La mer était si houleuse qu'il paraissait impossible que notre frêle esquif pût la tenir un moment sans être englouti. Il n'y eut que le contre-
maître, deux matelots et un jeune passager qui
résolurent d'en courir le hasard. Dès le premier instant du péril, j'avais mis mes dépêches
dans un mouchoir noué autour de ma ceinture.
Sans m'occuper alors de mes autres effets, je
saisis une hache et une scie et me jetai dans
le canot, suivi du contre-maître et de mon domestique, qui, plus avisé que moi, sauvait de
mes coffres une bourse de cent quatre-vingts
guinées. Le passager, ne s'étant pas élancé as-

sez loin, tomba dans la mer; et peu s'en fallut
que nos mains engourdies par le froid ne fussent incapables de lui prêter le moindre secours. Lorsque les deux matelots furent des-
cendus, ceux qui avaient le plus obstinémen
refusé de tenter la même fortune nous supliè-
rent de les recevoir; mais le poids d'un si grand
nombre de personnes et le tumulte de leurs
mouvements me faisant craindre de chavirer,
je donnai l'ordre de s'éloigner du bord du vaisseau. Je ne tardai pas à m'applaudir d'avoir
étouffé un sentiment de pitié qui leur aurait
été funeste à eux-mêmes. Quoique la terre ne
fût éloignée que d'environ cinquante verges,
nous fûmes accueillis, à moitié chemin, d'une
grosse lame qui remplit à demi le canot, et qui
l'aurait infailliblement renversé si la charge
eût été pesante. Une seconde vague nous jeta
violemment sur le rivage.

La joie de nous trouver enfin à l'abri des
périls qui nous avaient tenus si longtemps et
de cruelles alarmes nous fit oublier un moment que nous n'étions échappés d'un genre
de mort que pour en souffrir probablement un
autre plus terrible et plus douloureux. En nous
tenant embrassés dans nos premiers transports pour nous féliciter sur notre salut, nous
ne pouvions être insensibles à la détresse de
nos compagnons que nous avions laissés sur

le navire, et dont les cris lamentables se faisaient entendre au milieu du bruit sourd des flots. Ce qui redoublait la douleur où nous plongeait ce sentiment était de ne pouvoir leur prêter aucune espèce de secours. Notre canot, jeté sur le sable par les vagues courroucées, témoignait assez l'impossibilité de rompre leur impulsion pour retourner au vaisseau.

La nuit s'approchait à grands pas, et nous n'eûmes pas resté longtemps sur cette plage glaciale avant de sentir que nous allions être engourdis par le froid. Il fallut nous traîner, à travers la neige qui s'enfonçait sous nos pieds, jusqu'à l'entrée d'un petit bois, environ à deux cents verges du rivage, dont l'abri nous défendit un peu du souffle perçant du nord-ouest. Cependant il nous manquait du feu pour réchauffer nos membres transis, et nous n'avions aucun moyen d'en allumer. La boîte d'amadou que nous avions eu la précaution de prendre dans la chaloupe avait été baignée par la dernière houle que nous venions d'essuyer. Il n'y avait que l'exercice qui pût nous garantir de la gelée, en tenant notre sang en circulation. Mieux instruit que mes compagnons de la nature de ces âpres climats, je leur recommandai de se livrer à un grand mouvement pour repousser le sommeil. Mais le jeune passager, dont les habits trempés des eaux de la mer s'étaient roidis en glaçon sur son corps, ne put résister à la sensation as-soupissante que donne toujours le froid ex-trême qu'il éprouvait. Vainement j'employai tour à tour la persuasion et la force pour le faire tenir sur ses pieds. Je fus obligé de l'a-bandonner à son assoupissement. Après avoir marché pendant une demi-heure, saisi moi-même d'une si forte envie de dormir que je me sentais prêt à chaque instant de me laisser couler à terre pour la satisfaire, je revins à l'endroit où ce jeune homme était couché. Je mis la main sur son visage, et le sentant tout froid, je le fis toucher au contre-maître. Nous crûmes l'un et l'autre qu'il était mort. Il nous répondit d'une voix faible qu'il ne l'était pas, mais qu'il sentait sa fin s'approcher, et il me supplia, si je lui survivais, d'écrire à son père à New-York et de l'instruire de son malheur. Au bout de dix minutes, nous le vîmes expirer sans aucune souffrance, ou du moins sans de vives convulsions. J'ai rapporté cet incident pour montrer l'effet d'un froid violent sur le corps humain pendant le sommeil, et pour faire voir que cette mort n'est pas toujours accompagnée d'un sentiment de douleur aussi vif qu'on a coutume de le supposer.

Cette leçon effrayante ne fut pas capable

d'engager les autres à combattre le penchant qui les entraînait au sommeil. Trois d'entre eux se couchèrent en dépit de mes exhortations. Voyant qu'il était impossible de les faire tenir debout, j'allai couper deux branches d'arbre, dont je donnai l'une au contre-maître, et toute notre occupation, pendant le reste de la nuit, fut d'empêcher nos compagnons de dormir, en les frappant aussitôt qu'ils fermaient la paupière. Cet exercice ne nous fut pas inutile à nous-mêmes, en même temps qu'il préservait les autres du danger presque certain de mourir.

La lumière du jour, que nous attendions avec une si vive impatience, parut enfin. Je courus avec le contre-maître sur le rivage, pour tâcher de découvrir quelques traces du vaisseau, quoiqu'il nous en restât à peine une faible espérance. Quelle fut notre surprise et notre satisfaction de voir qu'il s'était conservé, malgré la violence du vent, qui semblait avoir dû le briser en mille pièces pendant la nuit! Mon premier soin fut de chercher comment je pourrais faire venir à terre le reste de l'équipage. Le vaisseau, depuis que nous l'avions quitté, avait été poussé par les vagues beaucoup plus près de la côte, et l'espace qui l'en séparait devait encore se trouver plus petit à la basse marée. Lorsqu'elle fut venue, je criai

aux gens du vaisseau d'attacher une corde à son
bord, pour s'y glisser tout du long l'un après
l'autre. Ils adoptèrent cet expédient. En sur-
veillant d'un œil attentif le mouvement de la
mer, et saisissant bien le temps de glisser au
moment où la vague se retirait, ils descendirent tous sans péril, à l'exception du charpentier. Celui-ci ne jugea pas à propos de se hasarder de cette manière, ou peut-être se trou-
vait-il incapable d'aucun mouvement, ayant
usé pendant la nuit un peu trop librement de
sa bouteille. Le salut général était attaché à
celui de chacun de nous en particulier, et je
me réjouis doublement de voir autour de moi
un si grand nombre de mes compagnons d'infortune, que je croyais tous engloutis dans les
ondes peu d'heures auparavant.

Le capitaine, avant de descendre, s'était
heureusement chargé de tous les matériaux nécessaires pour allumer du feu. La troupe se
mit alors en marche vers la forêt, et les uns
s'employèrent à couper du bois, les autres à
ramasser des branches sèches, dispersées à
terre. Bientôt une flamme brillante, qui s'éleva
d'un large bûcher, nous fit pousser mille cris
joyeux. Si l'on considère le froid extrême que
nous avions souffert si longtemps, aucune
jouissance ne pouvait être égale à celle de la
chaleur d'un bon brasier. C'était à qui s'en ap-

procherait de plus près pour ranimer ses membres engourdis. Mais cette jouissance fut suivie, pour la plupart, des douleurs les plus cruelles, aussitôt que l'ardeur de la flamme pénétra les parties de leur corps mordues par la gelée. Le contre-maître et moi étions les seuls qu'elle eût respectés, à cause de l'exercice que nous avions fait dans la nuit. Tous les autres en avaient été plus ou moins attaqués, soit dans le vaisseau, soit à terre. Les mouvements convulsifs qu'arrachait à ces malheureux la violence des tortures qu'ils éprouvaient, seraient trop horribles à exprimer.

Lorsque nous vînmes à faire la revue de notre troupe, j'observai qu'il manquait un passager, nommé le capitaine Grefin. J'appris qu'il s'était endormi à bord du vaisseau et qu'il avait été gelé mortellement. Nos inquiétudes se renouvelèrent au sujet du charpentier resté sur le navire. La mer roulant toujours avec la même fureur, il était impossible d'envoyer la chaloupe à son secours. Nous fûmes obligés d'attendre le retour de la basse marée, et nous lui persuadâmes enfin de venir à terre de la même manière que les autres ; ce qu'il ne put faire qu'avec une extrême difficulté, réduit comme il l'était à la plus grande faiblesse, et gelé dans presque toutes les parties de son corps.

La nuit vint, et nous la passâmes un peu

mieux que la précédente. Cependant, malgré le soin que nous prenions d'entretenir toujours un grand feu, nous avions beaucoup à souffrir de la rigueur du vent, qui soufflait à découvert sur nous. L'épaisseur des arbres pouvait à peine nous défendre de la neige, qui semblait se précipiter à grands flots sur notre feu pour l'éteindre. En pénétrant nos habits d'humidité du côté exposé à la flamme, elle nous formait sur le dos une couche épaisse, qu'il fallait continuellement secouer avant qu'elle se durcît en glaçon. Le sentiment aigu de la faim, nouvelle misère que nous avions jusqu'alors ignorée, vint encore se joindre à celui du froid, que nous avions tant de peine à soutenir.

Deux jours s'écoulèrent, pendant lesquels chaque instant ajoutait au souvenir cruel de nos maux passés la terreur d'un avenir plus affreux. Enfin, le vent et la mer qui s'étaient accordés pour nous interdire l'approche du vaisseau, renouvelèrent leurs efforts réunis pour le briser. Nous en fûmes avertis par le bruit qu'il fit en éclatant. Nous courûmes vers le rivage, et nous vîmes déjà flotter une partie de la cargaison, que l'impétuosité des ondes entraînait hors de ses flancs outr'ouverts. Par bonheur, la marée portait une partie des débris sur la plage. Armés de longues perches et des rames de notre canot, nous allions le long du sable, attirant tout ce qui s'offrait de plus utile à notre portée. C'est ainsi que nous parvînmes à sauver quelques barils de bœuf salé et une quantité considérable d'oignons, que le capitaine avait pris à bord pour les vendre. Nos soins se portèrent aussi sur les planches qui se détachaient du vaisseau, et qui pouvaient servir à nous construire une cabane. On en recueillit un grand nombre, qui furent traînées dans le bois pour être aussitôt employées à leur destination. Cette entreprise n'était pas aisée. Il en était peu d'entre nous qui fussent en état d'y travailler. Cependant l'heureux succès de la journée animant notre courage, et la nourriture que nous avions prise soutenant nos forces, l'ouvrage se trouva fort avancé à a chute du jour. La lueur de notre feu nous mit en état de le continuer dans les ténèbres, et, vers les dix heures du soir, nous eûmes une cabane longue d'environ vingt pieds et large de dix, assez solide, grâce aux arbres qui la soutenaient de distance en distance, pour résister à la force du vent, mais pas assez close pour nous mettre entièrement à l'abri de la froidure

La journée suivante et celle du surlendemain furent employées soit à perfectionner notre édifice, soit à recueillir, pendant la haute marée, ce qu'elle nous apportait du vaisseau, soit à dresser l'inventaire de nos provisions, pour en répartir l'usage entre nous sur une juste mesure. Il n'avait pas été possible de sauver du biscuit, entièrement détrempé dans l'eau de mer. Il fut décidé que chaque personne, en santé ou malade, serait réduite à un quart de livre de bœuf et à quatre oignons par jour, aussi longtemps que ceux-ci pourraient durer. Cette faible ration, à peine suffisante pour s'empêcher de mourir de faim, était tout ce que l'on pouvait se permettre, dans l'incertitude du temps qu'il faudrait peut-être passer sur cette côte déserte.

Le 11 décembre, sixième jour de notre naufrage, le vent s'adoucit, et nous laissa la liberté de mettre notre chaloupe à flot pour aller chercher ce qui pouvait rester dans le navire. Une grande partie de la journée fut perdue à briser à coups de hache la glace épaisse qui couvrait le pont et qui fermait les écoutilles. Le lendemain nous réussîmes à retirer un petit baril contenant cent vingt livres de bœuf salé, deux caisses d'oignons, trois bouteilles de baume de Canada, une de patates, une bouteille d'huile, qui nous devint très utile pour les plaies des matelots, une seconde hache, un grand pot de fer, deux marmites et environ douze livres de chandelle. Ce renfort précieux nous mit en état, le jour suivant, d'ajouter quatre oignons de plus à notre ration journalière.

Nous retournâmes encore à bord le 14, pour chercher les voiles, dont une partie nous servit à couvrir notre cabane et à la rendre impénétrable à la neige. Ce même jour, les plaies de ceux qui avaient le plus souffert de la gelée et qui avaient négligé de se frotter de neige commencèrent à se mortifier. Leurs jambes, leurs mains et toutes les autres parties de leurs membres affectées se dépouillèrent de leur peau, avec des douleurs intolérables. Le charpentier, qui était descendu le dernier à terre, avait perdu la plus grande partie de ses pieds, et, dans la nuit du 14, le délire le prit. Il resta dans le même état jusqu'au lendemain, où la mort le délivra de sa misérable existence. Trois jours après, notre second contre-maître mourut de la même manière, ayant été en délire quelques heures avant d'expirer : ce qui arriva également le surlendemain à un matelot. Nous couvrîmes leurs cadavres de neige et de branches d'arbres, n'ayant ni pioche ni bêche pour leur creuser une fosse ; et quand nous en aurions été pourvus, la terre était durcie à une trop grande profondeur pour céder à ces instruments.

Toutes ces pertes, qui réduisaient notre troupe à quatorze personnes, nous causèrent un médiocre chagrin, soit pour eux, soit pour nous-mêmes. En considérant notre déplorable condition, la mort nous paraissait un bienfait plutôt qu'une disgrâce ; et, lorsqu'un sentiment naturel nous ramenait à l'amour de la vie, cha-cun de nous en particulier ne pouvait regarder ses compagnons que comme autant d'ennemis armés par la faim pour lui ravir sa subsistance. En effet, si quelques-uns n'avaient payé le tribut à la nature, nous aurions été bientôt dans l'horrible nécessité de périr de faim ou de nous égorger et de nous dévorer les uns les autres. Sans en être encore réduits à cette af-freuse alternative, notre situation était si misé-rable, qu'il semblait impossible qu'aucune nou-velle calamité pût en accroître l'horreur. Le sentiment continuel d'un froid rigoureux et d'une faim pressante, la douleur des plaies de a gelée irritées par le feu, les plaintes des souffrants, le désordre et la malpropreté qui nous rendaient un objet de dégoût pour nous-mêmes autant que pour les autres, toutes les images du désespoir rassemblées autour de nous, et dans la perspective une mort lente et cruelle, au milieu d'une région désolée, loin des consolations du sang et de l'amitié; telle est la faible peinture des maux que notre cœur ressentait à chaque instant des longs jours et des éternelles nuits

Nous étions souvent sortis, le contre-maître et moi, pour voir si nous pourrions découvrir quelques vestiges d'habitation dans la contrée. Nos courses ne pouvaient être longues et n'avaient jamais été suivies d'aucun succès. Nous résolûmes un jour de nous avancer plus avant dans le pays, en remontant les bords d'une rivière glacée. Il s'offrait de temps en temps à nos yeux des traces d'orignal ou d'autres animaux, qui nous faisaient sentir vivement le regret d'être dépourvus d'armes et de poudre pour les chasser. Un léger espoir vint flatter un moment nos esprits. En suivant la direction de quelques arbres entamés du même côté par la hache, nous arrivâmes dans un endroit où des Indiens devaient avoir passé depuis peu, puisque leur wigwam y restait encore, et que l'écorce qu'on y avait employée paraissait toute fraîche. Une peau d'orignal, que nous trouvâmes tout près suspendue au bout d'une perche, confirmait nos conjectures. Nous parcourûmes avec empressement tous les environs, mais, hélas! sans aucun fruit. Il nous resta cependant quelque satisfaction de penser que cet endroit avait eu ses habitants ou ses voyageurs, et qu'ils pourraient bientôt y revenir. Frappé de cette idée, je coupai une longue perche, et, l'enfonçant sur le bord de la rivière, j'y attachai un morceau d'écorce de bouleau, après l'avoir taillé en forme de main, avec le doigt indicateur étendu et tourné vers notre cabane. Je crus aussi devoir emporter la peau d'orignal, afin que les sauvages, à leur tour, pussent comprendre que quelques personnes étaient passées en cet endroit depuis qu'ils l'avaient quitté, et démêler, à la faveur de notre signal, la route qu'elles avaient suivie. L'approche de la nuit nous força de reprendre le chemin de notre habitation, et nous redoublâmes le pas, pour communiquer plus tôt à nos compagnons de si agréables nouvelles. Quelque faibles que fussent les espérances qu'il était raisonnablement permis de concevoir de cette découverte, je vis que mon récit leur donnait une vive consolation : tant un instinct bienfaisant de la nature porte les malheureux à saisir tout ce qui peut adoucir le sentiment de leurs peines.

Plusieurs jours s'écoulèrent dans l'attente de voir à chaque instant paraître les Indiens devant notre cabane. Peu à peu ces douces idées s'affaiblirent ; elles ne tardèrent pas enfin à s'évanouir. Quelques-uns de nos malades, entre autres le capitaine, avaient commencé, dans cet intervalle, à recouvrer leurs forces, et nos provisions diminuaient à vue d'œil. Je proposai le dessein où j'étais de quitter l'habitation avec tous ceux qui seraient en état de manœuvrer dans la chaloupe, pour aller à la découverte le long de la côte. Ce projet reçut une approbation générale; mais, lorsqu'il fallut s'occuper des moyens de l'exécuter, une nouvelle difficulté se présenta : c'était de pouvoir réparer le canot, battu par la mer contre le sable avec une telle furie, que toutes les jointures s'étaient écartées. On avait bien assez d'étoupes pour boucher les fentes; malheureusement le goudron manquait pour les recouvrir. Et le moyen d'y suppléer! Il ne s'en présentait aucun à notre esprit, lorsque j'imaginai tout-à-coup de faire servir à cet usage le baume de Canada que nous avions sauvé. L'épreuve était facile. J'en versai quelques bouteilles dans notre pot de fer, que j'exposai sur un grand feu. En la retirant fréquemment pour la laisser refroidir, j'eus bientôt réduit la liqueur à une juste consistance. Mes compagnons, pendant ce temps, avaient retourné le canot et l'avaient bien débarrassé du sable et des glaçons. Je fis remplir d'étoupe toutes les crevasses, je les enduisis de mon calfat, et j'eus le plaisir de voir qu'il produisait à merveille l'effet que j'en avais attendu.

Ce premier succès nous anima d'une ardeur plus vive pour continuer nos préparatifs. Un morceau de toile, ajusté sur une perche dressée de manière à pouvoir se lever ou s'abattre à volonté, nous promit une voilure assez forte pour soulager, dans un vent doux et favorable.

le travail de nos rameurs. Parmi les gens de
l'équipage, il y en avait peu d'assez bien réta-
blis pour soutenir les fatigues que nous devions
prévoir dans cette expédition. On me choisit
pour la conduire, avec le capitaine, le contre-
maître, deux matelots et mon domestique. Ce
qui restait de vivres fut divisé, selon le nombre
de personnes, en quatorze parts égales, sans
que l'excès des travaux que nous allions entreprendre pour la cause commune pût nous faire
adjuger une portion plus forte qu'à ceux qui
devaient rester paisiblement dans la cabane.
C'est avec cette misérable ration d'un quart de
livre de bœuf par jour pour six semaines, un
frêle esquif, revêtu d'un enduit incertain, que
la moindre vague, le moindre souffle de vent
pouvait renverser, le moindre écueil mettre en
pièces ; c'est au milieu des masses énormes de
glaces flottantes, sur une plage inconnue,
semée de rochers, et pendant la saison la plus
rigoureuse de l'année, qu'il fallait tenter une
entreprise dont un désespoir aveugle avait pu
seul inspirer le projet. Mais nous en étions à
ce point, qu'il était moins téméraire d'affronter
tous les dangers possibles, à la plus faible lueur
d'espérance, que de s'exposer, par une lâche
inaction, au danger presque inévitable de périr
abandonnés de la nature entière.

L'année 1781 venait de s'ouvrir. Notre

sein était de partir le jour suivant, 2 janvier. Un vent fougueux du nord-ouest nous retint jusqu'à l'après-midi du 4. Son impétuosité s'étant alors abattue, nous embarquâmes nos provisions, avec quelques livres de chandelle, ainsi que tous les petits effets qui pouvaient nous être utiles, et nous prîmes congé de nos compagnons dans l'incertitude cruelle si ce ne seraient pas nos derniers adieux. Nous n'avions guère couru plus de huit milles, lorsque le vent, tournant au sud-est, contraria notre marche, et nous contraignit d'aborder, à force de rames, dans une large baie qui nous présentait un asile favorable pour la nuit. Notre premier soin fut de débarquer nos vivres et de transporter la chaloupe assez avant sur la plage pour que la mer ne pût l'endommager. Il fallut ensuite allumer du feu et couper du bois pour l'entretenir jusqu'au lendemain. Les branches de pin les plus menues furent employées à former notre lit, et les plus grosses à nous construire à la hâte une espèce de wigwam, pour nous mettre de notre mieux à l'abri des injures de l'air.

En faisant notre petit repas, je remarquai sur le rivage quelques pièces de bois que le flux y avait jetées et qui paraissaient avoir été taillées par la hache. Je voyais aussi de longues perches façonnées autrefois de main

d'homme. Cependant aucune autre marque
d'habitation ne se montrait à nos regards. Il
s'élevait, à deux milles de distance, une colline
dépouillée d'arbres, avec quelques traces de
défrichement. J'engageai deux de mes compagnons à m'y suivre avant la fin du jour, pour
pouvoir embrasser de sa hauteur un horizon
plus étendu. En marchant le long de la baie,
nous reconnûmes un bateau de pêcheur de
Terre-Neuve à demi brûlé, dont les restes
étaient ensevelis dans le sable. Cet objet nous
donna de nouvelles espérances, et nous fit redoubler de vitesse pour gravir la colline. Parvenus au sommet, quelle ne fut pas notre satisfaction d'apercevoir de l'autre côté quelques
édifices éloignés d'un mille tout au plus ! L'intervalle qui nous en séparait fut bientôt franchi, malgré notre lassitude. Nous arrivâmes
palpitants d'espoir et de joie ; mais ces douces
émotions furent au même instant dissipées. En
vain nous parcourûmes tous les bâtiments ; ils
étaient déserts. C'étaient des magasins pour la
préparation de la morue, qui, selon les appa-
rences, avaient été abandonnés plusieurs années auparavant. Le triste fruit de cette course
fut cependant de nous confirmer toujours dans
l'idée de trouver quelques habitations en continuant de tourner autour de l'île.

Le vent, qui avait repassé au nord-ouest, vint

le lendemain nous retenir par la crainte du
choc des glaçons qu'il poussait dans les courants. Depuis trois jours il régnait avec la
même fureur. M'étant réveillé dans la nuit, je
fus étonné d'entendre ses sifflements aigus,
sans que la mer y joignît, comme à l'ordinaire,
le bruit sourd de ses vagues. J'interrompis le
sommeil du contre-maître, pour lui faire part
de ce phénomène. Curieux d'en connaître la
cause, nous courûmes vers le rivage. La lune
nous éclairait de ses rayons. Aussi loin que
notre vue put s'étendre, leur funeste clarté
nous fit apercevoir la surface des eaux immobiles sous les chaînes de la glace, qui s'élevait
à divers endroits en monceaux d'une prodigieuse hauteur. Comment vous peindre le sentiment de tristesse qui s'empara de nos cœurs
à cet aspect? Ne pouvoir pousser plus loin
notre course, ni regagner notre première cabane, qui nous aurait mieux défendus de l'à-
preté redoublée du froid! Jusqu'à quand devait
durer cette funeste situation? Deux jours s'é-
coulèrent au milieu de ces réflexions désolan-
tes. Enfin, le 9, le vent tomba. Il se releva le
lendemain au sud-est, et souffla d'une telle
force, que toutes les glaces qui nous bloquaient
dans la baie se brisèrent à grand bruit et furent balayées dans la haute mer, en sorte qu'il
n'en restait plus le long de la côte vers les
quatre heures de l'après-midi.

En rompant les chaînes qui nous arrêtaient, le tyran des airs nous en forgeait d'autres par sa violence. Ce ne fut qu'au bout de deux jours qu'elle se modéra. Une brise légère soufflant alors le long du rivage, notre chaloupe fut mise à la mer, notre voile dressée; et déjà nous nous étions avancés d'un cours assez favorable, lorsque nous aperçûmes, à quelques lieues dans le lointain, une pointe de terre extrêmement élevée. La côte jusque-là paraissait ne former qu'une ceinture si continue de rochers escarpés, qu'il était impossible de tenter aucun débarquement avant d'avoir atteint ce cap éloigné. Cependant il était dangereux de risquer une aussi longue course. La chaloupe venait de faire une voie d'eau qui occupait constamment deux hommes à la vider. Ainsi nous ne pouvions employer que deux rames; encore la faiblesse où nous étions réduits par nos chagrins et par le défaut de nourriture nous permettait à peine de soutenir cette légère manœuvre. Qu'allions-nous devenir si le vent venait à tourner au nord-ouest? Il devait infailliblement nous briser contre les rochers. Heureusement le danger n'était plus pour nous un objet digne de considération, et le vent seconda si bien notre constance, que nous parvînmes au cap environ à onze heures de la nuit. La place ne s'étant point trouvée commode pour aborder, nous fûmes encore obligés de longer la côte jusqu'à deux heures du matin, lorsque le vent devenu plus fort nous ôta la liberté de choisir un endroit favorable. Il fallut descendre, ou plutôt gravir, avec mille peines, sur une plage pierreuse, sans qu'il fût possible de mettre notre chaloupe à l'abri des flots qui menaçaient de la briser contre les rochers.

L'endroit où nous étions débarqués était une baie peu profonde, renfermée du côté de la terre par des hauteurs inaccessibles, mais ouverte sur la mer au vent du nord-ouest, dont rien ne pouvait nous garantir. Le vent, qui s'éleva le 13, jeta notre chaloupe sur un banc rocailleux, l'endommagea dans plusieurs parties. Cet accident ne fut qu'un léger prélude à de nouvelles misères. Environnés de rochers insurmontables, qui nous empêchaient d'aller chercher un abri dans les bois; réduits, pour toute couverture, à notre voile hérissée de glaçons; ensevelis durant plusieurs jours sous un déluge de neige qui s'était amoncelée autour de nous à la hauteur de trois pieds, nous n'avions, pour alimenter notre feu, que des branches et des débris de troncs d'arbres, qui se trouvèrent par hasard jetés sur le rivage. Cette déplorable situation dura jusqu'au 21, où le temps se radoucit; mais il n'était plus en notre pouvoir d'en profiter.

Comment réparer notre chaloupe, couverte de plusieurs crevasses? Après avoir médité les divers moyens qui se présentèrent à notre esprit, et les avoir rejetés comme impraticables, toutes nos pensées se tournèrent à chercher notre salut d'un autre côté.

Quoiqu'il fût impossible d'escalader le mur de rochers qui nous entourait de toutes parts, cependant, si nous étions dans la nécessité de renoncer à l'usage de notre chaloupe, il nous vint dans l'idée que nous pourrions du moins nous avancer le long du rivage, en marchant sur la glace, devenue assez forte pour supporter notre poids. Je résolus, avec le contremaître, d'en faire l'épreuve. Nous partîmes aussitôt, et, au bout de quelques milles, nous parvînmes à l'embouchure d'une rivière bordée d'une plage sablonneuse, où nous aurions pu conserver notre chaloupe et vivre avec beaucoup moins de désagréments, si notre bonne fortune nous y eût conduits. Cette découverte, en faisant naître nos regrets, n'étendait pas bien loin nos espérances. Il était à la vérité facile de pénétrer de là dans les bois; mais fallait-il s'enfoncer au hasard en des lieux sauvages pour aller à la recherche d'un canton habité? Par quels moyens diriger notre course

à travers la noire épaisseur de la forêt? et sur
tout comment traîner ses pas sur la neige, dont
la terre était chargée à la hauteur de six pieds,
et que le moindre dégel pouvait ramollir?
Après avoir tenu conseil à notre retour, il fut
décidé que notre seule ressource était de char-
ger sur notre dos ce qui nous restait d'effets
utiles et de provisions, et d'aller le long de la
côte, où il était plus naturel d'espérer qu'il se
trouverait enfin quelques familles de pêcheurs
ou de sauvages. Le temps paraissait devoir encore tenir à la gelée, et le vent ayant balayé
dans la mer la plus grande partie de la neige
qui couvrait les glaces de ses bords, nous pouvions nous flatter de faire environ dix milles
par jour, même dans l'état de langueur où nos
forces étaient tombées.

Cette résolution ayant été arrêtée d'une voix
unanime, nous eûmes bientôt fait nos préparatifs. Notre projet était de partir le 24 au
matin; mais dans la nuit qui le précéda, le
vent tourna tout-à-coup au sud-est, accompagné d'une grosse pluie; en sorte que peu d'heures après, cette croûte de neige, qui la veille
paraissait si solide, fut entièrement fondue, et
toute la lisière de glaçons détachée du rivage.
Plus de chemins ouverts pour sortir de cette
plage désastreuse où nous étions renfermés.
Dans ces cruelles réflexions, nos regards se

tournaient quelquefois vers la chaloupe, que
nous avions été souvent tentés de mettre en
pièces pour entretenir notre feu, n'osant plus
en attendre aucun autre service. Il nous restait
encore assez d'étoupe pour remplir les nouvelles crevasses; mais le baume de Canada
avait été tout à fait épuisé par nos réparations
journalières, et rien ne s'offrait à notre imagination pour le remplacer.

Cependant le froid revint le surlendemain.
Sa rigueur dans la nuit me fit concevoir une
idée que je me hâtai d'essayer aussitôt que le
jour parut : c'était de répandre de l'eau sur
l'étoupe qui bouchait les fentes, et de l'y laisser
geler en forme d'enduit d'une certaine épaisseur. Mes compagnons se moquaient de mon
entreprise et ne se prêtaient qu'avec répugnance à me seconder. Un moyen aussi simple
me réussit cependant au-delà de mon espoir.
Toutes les ouvertures se trouvèrent par là si
bien fermées, qu'on en vint à croire que l'eau
ne pourrait y pénétrer aussi longtemps que la
gelée serait aussi forte que dans ce moment.

Nous en fîmes une heureuse expérience le
lendemain 27. Quoique la chaloupe fût devenue
fort lourde et très difficile à manier, par la
quantité de glace dont elle était revêtue, elle
avait fait dans la journée environ douze milles
du lieu de notre départ. Ce nouveau service

nous la rendit plus précieuse, et nous eûmes
le soin de la transporter sur nos rames dans
l'endroit le plus favorable à sa sûreté. Une
épaisse forêt, qui s'élevait dans le voisinage,
nous offrait deux biens dont nous avions été
privés durant tant de nuits, un léger abri contre le souffle glacial du vent, et du bois en
abondance pour entretenir un grand feu qui
nous réchauffât dans notre sommeil. Cette
double jouissance fut pour nous le comble des
voluptés. Notre provision d'amadou étant presque consommée, je fus obligé de la renouveler
en brûlant une partie de ma chemise, la même
que j'avais toujours portée depuis la perte de
mes équipages.

Le lendemain, une ondée de pluie fondit mal
heureusement toute la glace de notre chaloupe,
et nous eûmes le chagrin de perdre l'avantage
d'une journée favorable, qui aurait pu nous
avancer de plusieurs milles dans notre course.
Il fallut se résoudre à attendre le retour de la
gelée; et ce qui augmentait notre impatience
et nos regrets, c'est que nos provisions se
trouvaient maintenant réduites à deux livres et
demie de bœuf pour chacun.

La gelée n'ayant repris que dans l'après-midi
du 29, la longueur inévitable de nos préparatifs
ne nous permit pas de faire plus de sept milles
avant la nuit. Un vent très fort qui nous sur-

prit le jour suivant, dans le commencement de notre route, nous obligea de relâcher sans avoir fait plus de deux lieues. Le dégel nous retint à terre jusqu'au surlendemain, le 1er février, où un froid excessif nous fournit l'occasion de réparer notre chaloupe; mais les glaçons flottants étaient si considérables qu'ils occupaient sans cesse l'un de nous à les briser avec une perche; et ce ne fut que par le travail le plus fatigant que nous vînmes à bout de faire cinq milles avant la chute du jour.

Notre navigation fut plus heureuse le 3. Le vent soufflait dans une direction aussi favorable que nous aurions pu le désirer. Quoique la chaloupe fît une voie d'eau qui employait une partie de nos bras à la tarir, nous courûmes d'abord quatre milles par heure avec le secours de nos rames, et bientôt cinq avec notre seule voile. Vers deux heures de l'après-midi, nous eûmes pleinement en vue un cap très élevé, qui, selon notre estime, ne devait être éloigné que de trois lieues. Sa prodigieuse hauteur nous trompait sur sa distance. Il était presque nuit lorsque nous parvînmes à l'atteindre. En le doublant, notre course prenait une direction différente de celle qu'elle avait été dans la journée, en sorte qu'elle nous obligea de baisser les voiles et de prendre nos rames. Le vent se trouvait alors souffler du côté de la terre.

Nos efforts étaient bien faibles pour le combattre, et, sans un courant venant du nord-est,
qui nous soutint un peu contre son impulsion,
nous courions le risque d'être emportés pour
jamais dans la haute mer.

La côte, hérissée de rochers, étant en cet
endroit trop dangereuse pour y descendre, il
nous fallut ramer avec mille périls, dans les
ténèbres et le long des écueils, jusqu'à cinq
heures du matin. Incapables alors de soutenir
une plus longue manœuvre par l'épuisement
de nos forces, nos yeux se fermèrent sur les
dangers du débarquement, et le ciel le fit réus
sir, sans autre accident que d'avoir notre
chaloupe jetée à demi pleine d'eau sur le
rivage. L'entrée des bois n'était pas éloignée ;
cependant nous eûmes beaucoup de peine à
nous y traîner et à dresser du feu pour nous
dégourdir et pour sécher nos habits. Tel était
l'accablement où nous avaient plongés la fatigue et l'insomnie, qu'il nous fut impossible de
résister au sommeil lorsque notre feu commen
çait à s'allumer. Nous étions obligés de nous
éveiller tour à tour pour l'entretenir, de peur
qu'il ne s'éteignît pendant que nous serions
tous endormis à la fois, et que la gelée ne nous
frappât de mort dans cet assoupissement. A
mon réveil, j'eus occasion de me convaincre,
par les observations que je fis sur le rivage, de

ce que j'avais soupçonné pendant la route, savoir que cette pointe de terre élevée que nous venions de doubler était le cap nord de l'île Royale, qui, avec le cap Roy, sur l'île de Terre Neuve, marque l'entrée du golfe Saint-Laurent.

La douce certitude de nous trouver sur une île habitée nous aurait flattés de l'espérance de rencontrer enfin du secours en continuant notre voyage, si nous avions eu de quoi pourvoir à notre subsistance pendant tout le temps qu'il pouvait durer. Mais nos provisions étaient près de finir, et cette perspective nous jetait dans le désespoir. Il ne se présentait à notre esprit que des idées d'une mort prochaine, ou des moyens affreux pour la reculer. En tournant les yeux les uns sur les autres, il semblait que chacun fût prêt à marquer la victime qu'il fallait dévouer à la faim de ses bourreaux. Déjà même quelques-uns d'entre nous étaient convenus d'en remettre le choix à la décision aveugle du sort. Heureusement l'exécution de cet affreux projet fut remise à la dernière extrémité.

Pendant que mes compagnons s'occupaient à vider la chaloupe du sable dont la marée l'avait remplie et à boucher ses fentes en versant sur l'étoupe de l'eau qu'ils y laissaient geler, j'allai le long du rivage avec le contremaître pour chercher des huîtres, dont on apercevait une quantité d'écailles dispersées. Il ne s'en trouva par malheur aucune de pleine. Nous aurions regardé comme une grande fortune de rencontrer quelques cadavres de bêtes sauvages à demi dévorés par des oiseaux de proie; mais tous ces débris étaient ensevelis sous la neige. Rien qui pût nous offrir les plus vils aliments. C'était peu que la destinée nous eût jetés sur une côte déserte : il fallait, pour combler notre misère, qu'elle eût choisi la plus affreuse saison, lorsque non-seulement la terre refusait ses productions naturelles à notre subsistance, mais encore lorsque les animaux qui peuplent les deux éléments nourriciers de l'homme s'étaient réfugiés dans leurs grottes ou dans leurs repaires, pour se préserver du froid rigoureux qui désole ces inhabitables climats.

Je craindrais de porter un sentiment trop pénible dans les âmes à qui notre situation a pu inspirer jusqu'à ce moment une tendre pitié, si je peignais dans toute leur horreur les maux que nous eûmes à souffrir les jours suivants. Réduits, pour seule nourriture, à des fruits secs d'églantier déterrés sous la neige et à quelques chandelles de suif que nous avions réservées pour notre dernière ressource; oppressés de fatigue au moindre effort; contrariés dans notre navigation par les glaces, les pluies ou les vents; animés quelquefois d'une légère espérance pour retomber bientôt après dans un plus cruel désespoir; navrés de sensations douloureuses de toutes ces détresses réunies pour nous accabler de leur poids insupportable à chaque instant du jour et de la nuit : voilà quel fut notre état jusqu'au 17, où, succombant de faiblesse, nous descendîmes à terre pour la dernière fois, résolus de périr en cet endroit, si le ciel ne nous envoyait quelque secours imprévu. Mettre notre chaloupe en sûreté sur la plage aurait été une entreprise trop au-dessus de notre pouvoir. Elle resta livrée à la fureur des vagues, après que nous en eûmes retiré tristement nos outils et la voile qui nous servait de couverture. Nos dernières forces furent employées à balayer la neige de la place que nous avions choisie, à la relever tout autour en talus, pour y planter des branches de pin destinées à nous former un abri, enfin à couper et à mettre en pile autant de bois qu'il nous fut possible, pour entretenir notre feu, dans la crainte d'être bientôt hors d'état de faire usage de nos instruments.

Quelques poignées de fruits d'églantier bouillis dans la neige fondue furent, pendant les premiers jours, l'unique soutien de notre vie. Ils vinrent à nous manquer, et nous regardions comme un bonheur de pouvoir y sup-

pléer par des plantes marines qui croissaient
sur le rivage. Après les avoir fait bouillir plusieurs heures de suite, sans qu'elles eussen'
perdu beaucoup de leur dureté, je mis fondre
dans le jus une des deux seules chandelles qui
nous restaient. Ce bouillon dégoûtant et ces
herbes coriaces assouvirent d'abord notre
faim; mais peu d'instants après nous fûmes
saisis d'un vomissement terrible, sans avoir la
force de pouvoir débarrasser notre estomac.
Cette crise dura environ quatre heures, au
bout desquelles nous fûmes un peu soulagés,
mais pour tomber dans un épuisement absolu.

Il fallut cependant recourir le lendemain à
la même nourriture, qui opéra comme la veille,
seulement avec un peu moins de violence. Nous
avions employé notre dernière chandelle. Nous
fûmes réduits, pendant trois jours, à nous con
tenter de ces herbes dures et grossières, qui
nous causaient des nausées chaque fois que
nous les portions à la bouche. Dans le même
temps, nos jambes commencèrent à s'enfler.
Cette bouffissure s'étendit à tel point sur tout
le corps, que, malgré le peu de chair que nous
avions conservé, nos doigts, par la moindre
pression, s'enfonçaient à la profondeur de plus
d'un pouce sur notre peau, et l'empreinte en
subsistait encore une heure après. Nos yeux
semblaient comme ensevelis dans des cavités

profondés. Engourdis par la dissolution inté-
rieure de notre sang et par les âpres frimas qui
nous enveloppaient, à peine avions-nous la force
de ramper tour à tour pour aller attiser notre
feu presque éteint ou ramasser quelques branches dispersées sur la neige. C'est alors que le
souvenir de mon père, qui m'avait toujours
suivi au milieu des plus pressants dangers, vint
s'offrir avec un nouvel attendrissement à mon
cœur, en se mêlant à l'idée de mon trépas. Je
me le représentais, ce tendre père, inquiet d'a-
bord sur mon compte, dans la première attente
de mes nouvelles ; accablé ensuite de chagrin,
lorsque le temps s'écoulerait sans lui en apporter ; enfin, condamné à pleurer, pendant tous
les jours de sa vieillesse, sur la perte de son
fils. Je pleurais moi-même de mourir si loin de
ses bras, sans recevoir sa dernière bénédic-
tion. A ces touchantes pensées, interrompues
par les gémissements poussés autour de moi,
succédaient des projets barbares, que l'instinct
naturel de la vie m'inspirait pour la soutenir.
Ces malheureux compagnons de mon infortune,
dont les travaux m'avaient jusqu'alors secouru,
ne me paraissaient plus qu'une proie pour as-
souvir ma faim. Je lisais les mêmes sentiments
dans leurs regards avides. Je ne sais où nous
auraient conduits ces féroces dispositions,
lorsque tout-à-coup les accents d'une voix hu-

maine se firent entendre dans la forêt. Au même instant nous découvrîmes deux Indiens armés de fusils, qui ne semblaient pas nous avoir encore aperçus. Cette apparition subite, ranimant notre courage, nous donna la force de nous lever et de nous avancer vers eux avec toute la promptitude dont nous étions capables.

Aussitôt que nous fûmes en leur présence, ils s'arrêtèrent comme si leurs pieds eussent été cloués à la terre. Ils nous regardaient fixement, immobiles de surprise et d'horreur. Outre l'étonnement où devait naturellement les jeter la rencontre imprévue de six étrangers dans ce coin de l'île déserte, notre seul aspect était bien capable de glacer le plus intrépide. Nos habits traînants en lambeaux, nos yeux éteints sous la bouffissure de nos joues livides, l'enflure monstrueuse de tous nos membres, notre barbe hérissée et crépue, nos cheveux flottant en désordre sur nos épaules, tout devait nous donner une apparence effrayante. Cependant, à mesure que nous avancions, mille sentiments heureux se peignaient sur nos traits. Les uns versaient de douces larmes, les autres souriaient de joie. Quoique ces signes paisibles fussent propres à rassurer un peu les Indiens, ils ne témoignaient pas encore la moindre inclination à nous approcher; et certes le dégoût répandu sur toutes nos personnes

Justifiait assez leur froideur. Je pris donc le parti de m'avancer vers celui qui se trouvait le plus près de moi, en lui tendant une main suppliante. Il la prit et la secoua très cordialement, façon de saluer employée parmi ces sauvages.

Ils commencèrent alors à nous donner quelques marques de compassion. Je leur fis signe de venir vers notre feu. Ils nous accompagnèrent en silence et s'assirent auprès de nous. L'un d'eux, qui parlait en français corrompu, nous pria dans cette langue de l'informer d'où nous venions et quel hasard nous avait amenés en cet endroit. Je me hâtai de lui rendre un compte aussi succinct qu'il me fut possible des infortunes et des souffrances que nous avions éprouvées. Comme il me parut assez vivement touché de mon récit, je lui demandai s'il pourrait nous fournir quelques provisions. Il me répondit que oui; mais, voyant notre feu près de s'éteindre, il se leva brusquement et saisit notre hache, qu'il fut un moment à considérer en souriant, j'imagine, du mauvais état où elle se trouvait. Il la rejeta d'un air de mépris pour prendre celle qui était à son côté. En un clin d'œil il eut abattu une grande quantité de branches, qu'il jeta sur notre feu; puis il ramassa son fusil, et, sans dire un seul mot, il s'en alla avec son compagnon.

Une retraite si soudaine aurait pu donner de
l'inquiétude à ceux qui ne connaissent pas l'hu-
meur des Indiens; mais je savais que ces peuples parlent rarement, lorsqu'ils n'y voient pas
une nécessité absolue. Ainsi je ne doutai point
qu'ils ne fussent allés nous chercher des provisions, et j'assurai ma troupe alarmée que nous
ne tarderions guère à les recevoir. Malgré le
besoin que nous devions avoir de nourriture, la
faim n'était pas, du moins pour moi, le plus
pressant. Le bon feu que nous avaient fait les
sauvages remplissait en ce moment tous mes
désirs, ayant passé tant de jours à souffrir d'un
froid rigoureux, auprès de la flamme languis-
sante de notre misérable foyer.

Trois heures s'étaient écoulées depuis le départ des Indiens, et mes compagnons désolés
commençaient à perdre l'espérance de les re-
voir, lorsqu'enfin nous les aperçûmes au détour d'une pointe de terre avancée, qui ramaient
vers nous dans un canot d'écorce. Bientôt ils
descendirent sur le rivage, chargés d'une grosse
pièce de venaison fumée et d'une vessie pleine
d'huile de poisson. Ils firent bouillir la viande
dans notre pot de fer avec de la neige fondue;
et lorsqu'elle fut cuite, ils eurent l'attention de
ne nous en donner qu'en petite quantité, avec
un peu d'huile, pour prévenir les suites dange-
reuses qu'aurait pu avoir notre voracité, dans

l'état de faiblesse où notre estomac se trouvait
réduit.

Ce léger repas étant fini, ils me firent embarquer avec deux de mes compagnons dans leur
pirogue, trop petite pour nous emmener tous à
la fois. Leur habitation n'était éloignée que de
cinq milles. Nous fûmes reçus, en débarquant,
par trois Indiens et une douzaine de femmes ou
enfants qui nous attendaient sur le bord de la
mer. Tandis que ceux de la pirogue retour-
naient chercher le reste de notre troupe, les
autres nous conduisirent vers leurs cabanes ou
wigwams, qui s'élevaient au nombre de trois,
pour le même nombre de familles, à l'entrée
de la forêt. Nous fûmes traités par ces bonnes
gens avec la plus douce hospitalité. Ils nous
firent avaler d'une espèce de bouillon, mais
sans vouloir nous permettre, malgré nos prières, de manger de la viande ou de prendre aucun aliment trop substantiel.

Je ressentis une joie bien vive lorsque la pirogue revint et nous ramena nos trois compagnons. Nous goûtions à nous trouver réunis
parmi ces sauvages, même après une sépara-
tion si courte, les sentiments qu'éprouvent des
amis d'enfance, qui, après avoir longtemps
gémi éloignés l'un de l'autre, se retrouvent au
sein de leur patrie. Cette hutte nous paraissait
un lieu de délices. Les transports que nous au-

sions éclater intéressèrent en notre faveur une femme très âgée, qui témoigna beaucoup de curiosité d'apprendre nos aventures. Je fis un détail plus circonstancié que le premier à l'Indien qui pouvait entendre le français. Il le rendit aux autres dans son langage. Pendant le cours de son récit, j'eus occasion d'observer que les femmes en étaient vivement affectées, et je fondais sur cette impression l'espoir d'un traitement favorable pendant notre séjour.

Après avoir satisfait aux premiers besoins, nos pensées se tournèrent vers les malheureux que nous avions laissés à l'endroit de notre naufrage. La détresse sous laquelle nous avions été près de succomber me faisait craindre pour eux un sort plus funeste. Cependant, quand un seul d'entre eux aurait survécu, j'étais résolu de n'omettre aucune tentative pour son salut. Je tâchai de bien désigner aux sauvages le quartier de l'île où nous avions été jetés, et je leur demandai s'il ne serait pas possible d'y porter des secours.

Sur la description que je leur fis du cours de cette rivière la plus voisine et d'une petite île que l'on découvrait à peu de distance de son embouchure, ils répondirent qu'ils connaissaient à merveille cette place; qu'elle était éloignée d'environ cent milles, par des routes très difficiles dans les bois; qu'il y avait des riviè-

res et des montagnes à franchir pour y pénétrer,
et que, s'ils entreprenaient le voyage, ils devaient s'attendre à quelque récompense pour
leurs fatigues. Il n'était pas raisonnable d'exiger
qu'ils suspendissent leur chasse, le seul moyen
qu'ils ont de faire vivre leurs femmes et leurs
enfants, pour entreprendre une course pénible
par un pur motif de bienveillance envers des
inconnus. Quant à ce qu'ils disaient de la distance, elle ne me paraissait pas exagérée, puisque j'estimais, par mes propres calculs, que
nos courses le long des rivages n'avaient guère
été au-dessous de cent cinquante milles. Je
leur dis alors, ce dont il ne m'était pas encore
venu dans l'esprit de leur parler, que j'avais de
l'argent, et que, s'il était de quelque prix à leurs
yeux, j'en emploierais une partie à les payer de
leur peine. Ils semblèrent fort contents de cette
proposition, et me demandèrent à voir ma
bourse. Je la pris des mains de mon domestique pour leur montrer les cent quatre-vingts
guinées qu'elle contenait. J'observai sur leurs
traits, à la vue de cet or, des sentiments que
j'étais bien loin d'attendre d'un peuple sauvage;
les femmes surtout le regardaient avec une extrême avidité; et, lorsque je leur eus fait présent d'une guinée à chacune, js les vis pousser
un grand éclat de rire; ce qui est le signe par
lequel les Indiens expriment les mouvements
extraordinaires de leur joie.

Quelque exorbitantes que pussent être leurs prétentions, je n'avais rien à ménager pour sauver mes compatriotes, s'il en restait quelqu'un en vie. Nous conclûmes un accord par lequel ils s'engageaient à se mettre en route dès le jour suivant, et moi à leur donner vingt-cinq guinées à leur départ, et la même somme à leur retour. Ils s'occupèrent aussitôt à faire des souliers propres à marcher sur la neige, soit pour nos matelots qu'ils devaient ramener, soit pour eux-mêmes ; et le lendemain de bonne heure ils partirent, après avoir reçu l'argent que nous étions convenus.

Dès le moment où les sauvages eurent vu de l'or dans mes mains, ma situation perdit tous les charmes qu'elle devait à leur hospitalité. Ils devinrent aussi avides qu'ils avaient été jusqu'alors généreux, exigeant dix fois la valeur des moindres choses qu'ils nous fournissaient à mes compagnons ou à moi. Je tremblais d'ailleurs que cette passion excessive pour l'argent, qu'ils avaient prise dans leur commerce avec les Européens, ne les portât à nous dépouiller et à nous laisser dans la déplorable situation dont nous étions sortis par leur secours. Le seul motif sur lequel je fondais l'espérance d'un traitement plus humain était la religion qu'ils avaient embrassée, ayant été convertis au christianisme par les jésuites français, avant que cette île nous fût cédée avec le Canada. Ils témoignaient l'attachement le plus vif pour leur foi nouvelle, et souvent ils nous étourdissaient dans la soirée par leur triste psalmodie. C'était sur mon domestique qu'ils avaient réuni toutes leurs affections, parce qu'il était catholique irlandais et qu'il se joignait à leurs prières, quoiqu'il n'en entendît pas un seul mot. Je doute fort qu'ils fussent en état de s'entendre eux-mêmes; car leurs chants, ou leurs hurlements, pour mieux dire, étaient dans un jargon confus, mêlé de mauvais français et de leur idiome sauvage, avec quelques bouts de phrases latines qu'ils avaient retenues de la bouche de leurs missionnaires.

Ces insulaires ont dans leur figure et dans les mœurs des traits généraux de ressemblance avec les sauvages du continent de l'Amérique; cependant leur langage est très différent de celui de toutes les nations ou tribus que j'ai connues. Ils en diffèrent aussi dans l'usage de laisser croître leur chevelure; ce qui est particulier aux femmes seules parmi les Indiens du continent. Ils ont d'ailleurs pour les liqueurs spiritueuses ce goût violent, si universel parmi les sauvages.

Nous passâmes bien des jours encore avant de recouvrer nos forces et de pouvoir digérer quelque nourriture substantielle. La seule que

ies Indiens fussent en état de nous procurer
était de la chair d'orignal et de l'huile de veau
marin, dont ils vivent uniquement pendant la
saison de la chasse. Quoique le souvenir de
tant de misères passées dût nous faire bénir le
changement de notre situation et prêter des
agréments à notre séjour parmi les sauvages,
ie me sentais fort empressé de les quitter, à
cause des dépêches que l'on m'avait confiées,
et qui pouvaient être de la plus grande impor-
tance pour le service de l'Etat; d'autant plus
que je ne pouvais ignorer que le duplicata s'é-
tait perdu dans le naufrage de la goëlette. Cependant j'étais encore dans une telle langueur,
qu'il me fut impossible, pendant quelque temps,
de faire le moindre exercice; et j'éprouvai,
ainsi que les compagnons de mes disgrâces,
combien une atteinte si rude à la constitution
était difficile à réparer.

Après une absence d'environ quinze jours,
les Indiens revinrent avec trois de nos gens, les
seuls que la mort eût épargnés parmi les huit
personnes que j'avais laissées dans la cabane.
Ils nous apprirent qu'après avoir consommé
toutes les provisions, ils avaient subsisté, pendant quelques jours, de la peau d'orignal que
nous avions dédaigné de partager avec eux;
que cette dernière ressource étant épuisée, trois
étaient morts de faim, et que les autres avaient

été dans l'horrible nécessité de se nourrir de leurs cadavres, jusqu'à l'arrivée des Indiens; que l'un des cinq qui restaient s'était livré avec tant d'imprudence à sa voracité, qu'il était mort au bout de quelques heures en des tourments inexprimables; enfin qu'un autre s'était tué par accident, en maniant les armes d'un sauvage. Ainsi notre troupe, composée d'abord de dix-neuf personnes, se trouvait alors réduite à neuf; et j'admire, toutes les fois que j'y pense, qu'une seule en eût pu réchapper, après avoir eu à combattre, durant l'espace de trois mois, toutes les misères combinées du froid, de la fatigue et de la faim.

Le délabrement de nos forces nous retint en ce triste lieu quinze jours encore, pendant lesquels je fus contraint, comme auparavant, de payer le prix le plus excessif pour notre nourriture et pour nos moindres besoins. Au bout de ce temps, ma santé se trouvant un peu rétablie et ma bourse presque épuisée, je me crus obligé de sacrifier mes convenances personnelles au devoir de mon service, et je résolus de porter mes dépêches au général Clinton avec toute la diligence dont j'étais capable, quoique ce fût la saison de l'année la moins propre à voyager. En conséquence, j'engageai deux Indiens à me conduire dans Halifax, moyennant quarante guinées que je leur payerais en y arri-

vant. Je me chargeai de plus de leur fournir
sur la route toutes les provisions et tous les
rafraîchissements convenables dans chaque
partie habitée où nous pourrions passer. D'autres Indiens devaient conduire le reste de notre
troupe à un établissement sur la *rivière Espagnole*, où ils resteraient jusqu'au printemps,
pour attendre une occasion de gagner par mer
Halifax. Je fournis au capitaine tout l'argent
nécessaire à sa subsistance et à celle de ses
matelots, pour une lettre de change qu'il me
donna sur son armateur à New-York. Celui-ci
ne rougit point dans la suite de m'en refuser le
payement, sous prétexte que le navire étant
perdu, ni le capitaine ni l'équipage n'avaient
plus rien à prétendre.

Je partis le 2 avril, accompagné de deux Indiens, de mon domestique et de M. Winslow,
jeune passager de notre vaisseau, l'un des trois
qui avaient survécu dans la cabane. Nous em-
portions chacun quatre paires de souliers indiens, une paire de souliers à neige, et des
provisions pour quinze jours. Nous arrivâmes
le soir dans un endroit que les Anglais nom-
ment *Broad-Oar*, où une chute orageuse de
neige nous retint tout le jour suivant. Nous re-
partîmes le 4, et, après une marche d'environ
quinze milles, nous parvînmes sur les bords
d'un très beau lac salé, nommé le lac Saint-

Pierre, dont l'extrémité va communiquer en pointe avec la mer. En cet endroit nous fîmes la rencontre de deux familles indiennes qui allaient à la chasse. Je leur achetai pour quatre guinées un canot d'écorce, mes guides m'ayant prévenu qu'il nous serait souvent nécessaire pour traverser quelques parties du lac qui ne gèlent jamais. Comme nous devions en d'autres parties voyager sur la glace, je fus obligé d'acheter aussi deux traineaux pour y placer le canot et le tirer après nous.

Après avoir goûté deux jours de repos et nous être munis de nouvelles provisions, nous reprîmes notre marche le 7, en la dirigeant pendant quelques milles le long des bords du lac; mais la glace étant mauvaise, il nous fallut quitter cette route pour en prendre une dans les bois. La neige s'y trouvait élevée de six pieds. Un dégel mêlé de pluie, qui survint le lendemain, la rendit si molle, qu'il nous fut impossible de marcher plus longtemps sur sa surface. Nous fûmes donc obligés de nous arrêter. Un grand feu, un wigwam commode et des provisions abondantes nous aidèrent à supporter ce contre-temps fâcheux, sans dissiper toutefois nos inquiétudes. L'hiver était trop avancé pour espérer de voyager longtemps sur la neige sans le retour fortuit de la gelée, et, si elle ne devait plus revenir, le seul parti qui

nous restait était d'attendre que le lac fût entièrement débarrassé de ses glaçons ; ce qui
pouvait nous retenir encore quinze jours ou
trois semaines. Notre situation, dans ce cas,
devenait aussi malheureuse que celle où nous
avions été réduits, par notre naufrage, excepté
que la saison était moins rude, que nous étions
un peu mieux fournis de munitions, et que nous
avions au moins des armes pour les renouveler.

Heureusement la gelée revint le 12, et nous
crûmes devoir profiter de cette faveur dès le
lendemain. Notre marche fut, ce jour-là, de six
lieues, tantôt sur les glaces flottantes, tantôt
sur notre pirogue. Le 14, nos provisions étant
presque toutes consommées, je proposai d'aller
à la poursuite du gibier, qui me paraissait
abonder dans ce canton. Les sauvages, en général, ne songent guère qu'aux besoins du
jour, sans se mettre en peine de ceux du lendemain. Cette prévoyance pouvait cependant
être bien essentielle, puisqu'une fonte soudaine
de neige nous eût empêchés de sortir. J'allai
dans les bois avec un de mes guides, et nous
fûmes bientôt sur la trace d'un orignal, que
mon Indien atteignit au bout d'une heure de
chasse. Il l'ouvrit avec beaucoup d'adresse, recueillit le sang dans la vessie et dépeça le corps
en grands quartiers, dont une partie fut portée
sur nos épaules jusqu'à la pirogue. Nous en-

voyâmes chercher le reste par l'autre Indien,
mon domestique et M. Winslow. Cette expédition nous valut un renfort de provisions assez
considérable pour n'avoir plus la crainte d'en
manquer dans le cas où un dégel subit nous
eût empêchés de continuer notre route sur le
lac ou dans les bois. Le 15 au matin nous partîmes de très bonne heure et nous fîmes six
lieues dans la journée, ce qui abattit tellement
nos forces, déjà épuisées par de longues souffrances, qu'il nous fut impossible de nous remettre en marche le lendemain. La fatigue nous
retint encore jusqu'au 18, où nous reprîmes
notre voyage de la même manière, c'est-à-dire
partie sur les glaces flottantes, et partie sur la
pirogue, dans les endroits où le lac n'était pas
gelé. J'eus alors l'occasion d'observer les beau-
tés de ce lac, un des plus beaux que j'aie vus en
Amérique, quoique cette saison de l'année ne
fût pas propre à le faire paraître avec tous ses
avantages. Il est couvert d'un nombre infini de
petites îles répandues çà et là sur sa surface,
qui lui donnent un air de ressemblance avec le
célèbre lac de Killarney et d'autres lacs d'eau
douce en Irlande. On n'a jamais formé d'établissements sur ces îles. Cependant le sol en
paraît très fertile, et leur séjour devrait être
délicieux en été, si l'on pouvait se procurer de
l'eau douce, dont elles manquent absolument,

ce qui est sans doute la raison pour laquelle elles ne sont pas habitées. Si les glaces du lac eussent été continues et plus solides, nous aurions pu nous épargner bien du temps et des peines en marchant directement d'une pointe à une pointe et d'une île à l'autre, au lieu que, presque à chaque baie, nous étions obligés de nous enfoncer en de longs détours.

Le 20, nous arrivâmes à un endroit appelé, Saint-Pierre, où se trouve un établissement de quelques familles anglaises et françaises. Je dois à la reconnaissance de faire mention de M. Cavanaugh, négociant anglais, dont nous fûmes reçus avec toutes sortes de politesses, et qui, sur le récit de mes malheurs, eut la confiance de m'avancer deux cents livres sterling pour une lettre de change que je lui donnai sur mon père, quoique notre nom lui fût entièrement étranger.

J'aurais pris à Saint-Pierre un bâtiment de pêcheur pour me rendre à Halifax, sans la crainte de tomber entre les mains des corsaires américains dont ces parages étaient alors infestés. Le lac, en cet endroit, n'était séparé de la mer que par une forêt d'environ un mille de largeur, il ne fut question que de traîner notre pirogue à travers cet espace pour gagner le rivage et nous embarquer. Après nous être arrêtés les jours suivants en divers endroits peu remarquables, nous arrivâmes le 25 à Narrashoc, où nous fûmes accueillis avec la même hospitalité qu'à Saint-Pierre. Nous en partîmes le 26, dans notre pirogue, pour nous rendre à l'île Madame, située presque au milieu du passage de Canseau, par lequel l'île du Cap-Breton est séparée de l'Acadie ou Nouvelle-Ecosse.

Mais, à la pointe de cette île, nous découvrîmes une si grande quantité de glaces flottantes, qu'il eût été de la dernière imprudence d'y hasarder notre fragile nacelle. Nous retournâmes donc à Narrashoc, où je frétai un bâtiment plus capable de leur résister. Je fis mettre à bord la pirogue, et le 27, à l'aide du vent le plus favorable, nous franchîmes en trois heures le passage, et nous débarquâmes au Canseau, qui lui donne son nom. Ensuite, après une navigation de dix jours le long des côtes, notre pirogue nous porta jusque dans le port d'Halifax.

Les Indiens, ayant reçu le prix dont nous étions convenus et les présents par lesquels je crus devoir satisfaire ma reconnaissance envers ceux à qui j'étais redevable du salut de ma vie, nous quittèrent au bout de quelques jours pour s'en retourner dans leur île. Comme il fallut attendre longtemps encore l'occasion d'un vaisseau, j'eus la satisfaction, pendant cet intervalle, de voir arriver mes compagnons d'infor-

tune, que les autres Indiens s'étaient chargé
[le conduire par la *rivière Espagnole*. Enfin,
après deux mois d'attente, je m'embarquai sur
le vaisseau nommé *le Chêne royal*, et j'arrivai
à New-York, où je remis au général Clinton
mes dépêches tardives, dans l'état le plus dé-
labré.

NAUFRAGE DES CANOTS DE LA BOUSSOLE.

En 1788.

Parlons de l'infortuné La Pérouse. Les dernières nouvelles que nous ayons eues de cet
illustre navigateur datent du commencement
de l'année 1788, époque où il se trouvait à
Botany-Bay dans l'Océanie, et d'où il annon-
çait devoir partir au milieu de mars pour
remonter aux îles des Amis. « Je ferai absolu-
» ment tout ce qui m'est enjoint par mes ins-
» tructions, écrivait-il alors au ministre de la
» marine, de manière à ce qu'il me soit possi-
» ble d'arriver en décembre à l'Ile de France. »
Toutes les recherches faites avec le plus grand
soin, en suivant exactement l'itinéraire de ce
voyageur, ne laissent aucun doute que lui et
ses compagnons n'aient péri dans le trajet de
Botany-Bay aux îles des Amis.
Louis XVI lui avait confié la direction d'une

campagne de découvertes dans l'intérêt de la science et du commerce; les frégates LA BOUSSOLE et L'ASTROLABE formaient l'expédition : La Pérouse commandait la première, et le commandement de la seconde avait été confié au capitaine Delangle, l'un des officiers les plus distingués de la marine française.

Ils partirent du port de Brest le premier août 1785, et en parcourant les côtes d'Amérique, ils relâchèrent dans un beau port qu'ils découvrirent les premiers, et qu'ils nommèrent PORT DES FRANÇAIS. Voulant sonder la passe avant d'appareiller de ce mouillage, on chargea de cette opération le lieutenant Descures, de LA BOUSSOLE, et les frères La Borde de Marchainville, officiers de L'ASTROLABE; ils montèrent chacun leurs canots respectifs, avec quelques matelots; et quelques officiers de LA BOUSSOLE, ayant à leur tête le lieutenant Boutin, se firent une partie de plaisir de les accompagner dans un troisième canot.

« Quatre heures après le départ des embar-
» cations, dit La Pérouse, je vis revenir celle
» que commandait M. Boutin. Un peu surpris,
» parce que je ne l'attendais pas sitôt, je de-
» mandai à cet officier, avant qu'il fût monté
» à bord, s'il y avait quelque chose de nou-
» veau; je craignais, dans le premier instant,
» quelque attaque des sauvages. L'air de

» M. Boutin n'était pas propre à me rassurer ;
» la plus vive douleur était peinte sur son vi-
» sage. Il m'apprit bientôt le naufrage affreux
» dont il venait d'être témoin, et auquel il n'a-
» vait échappé que par la fermeté de son ca-
» ractère, qui lui avait permis de voir toutes
» les ressources qui restaient dans un si extrê-
» me péril.

Il avait été entraîné au milieu des brisants
en suivant le lieutenant Descures ; et La Pérouse décrit les habiles manœuvres par les-
quelles cet officier préserva son embarcation
du péril le plus imminent. « Plus occupé du
» salut de ses camarades que du sien propre,
» continue l'illustre capitaine, M. Boutin par-
» courut le bord des brisants dans l'espoir de
» sauver quelqu'un ; il s'y engagea même, mais
» il fut repoussé par la marée ; enfin il monta
» sur les épaules d'un officier, afin de décou-
» vrir un plus grand espace. Vain espoir ! tout
» avait été englouti... Il rentra, conservant
» quelque espérance pour le canot de L'ASTRO-
» LABE ; il n'avait vu périr que le nôtre. Hélas !
» le malheur était beaucoup plus grand qu'il
» ne pensait : au moment où cet affreux évé-
» nement arriva, le deux frères La Borde
» étaient à un grand quart de lieue du danger,
» c'est-à-dire dans une mer aussi parfaitement
» tranquille que celle du port le mieux fermé.

» mais voyant l'extrême péril de leurs compa-
» gnons, et ne calculant pas celui auquel ils
» allaient s'exposer eux-mêmes, ils volent à
» leur secours, se jettent dans les mêmes bri-
» sants, et s'y engloutissent avec eux, victimes
» du plus généreux dévouement! » Vingt-et
une personnes périrent dans cet affreux désastre, qui causa le chagrin le plus extrême au
bon et sensible La Pérouse.

Parmi les autres aventures dont La Pérouse
a donné connaissance, nous en citerons deux :
la première est agréable : c'est la réception
flatteuse qui lui fut faite à Kamtschatka par le
lieutenant russe Kaboro, qui commandait au
havre de Saint-Pierre-Saint-Paul. On fit ca-
deau aux officiers de superbes fourrures en
peaux de martre-zibeline, de renne et de re-
nard; toutes les maisons leur furent ouvertes;
chacun les recevait avec joie et empressement;
le colonel Kosloff, gouverneur de la contrée,
se rendit près d'eux, et il voulut leur donner
le plaisir d'un bal. « Si l'assemblée ne fut pas
» nombreuse, dit le célèbre voyageur, elle fut
» au moins extraordinaire : treize femmes vè-
» tues d'étoffes de soie, dont dix Kamtschada-
» les, avec de gros visages, de petits yeux et
» des nez plats, étaient assises sur des bancs
» autour de l'appartement; les Kamtschadales
» avaient, ainsi que les Russes, des mouchoirs

» de soie qui leur enveloppaient la tête, à peu
» près comme les femmes mulâtres de nos co-
» lonies. On commença par les danses russes,
» dont les airs sont très agréables; les danses
» kamtschadales leur succédèrent. Elles étaient
» à peine finies, qu'un cri de joie annonça l'ar-
» rivée du courrier d'Okotsk, qui était le chef-
» lieu du gouvernement. »

Que l'on juge du ravissement de toute l'assemblée. Ce courrier apportait des dépêches
de la cour de France, et la promotion de La
Pérouse au grade de chef d'escadre. Hélas! cet
illustre navigateur ne devait pas jouir longtemps
de cette élévation nouvelle, ainsi que de la
brillante perspective inhérente à son mérite.

Suivons-le maintenant à Mahouna, une des
îles des Navigateurs dans le grand Océan, où
il s'arrêta pour renouveler sa provision d'eau.

« Dans ce pays charmant, dit La Pérouse, des
» arbres à pain, des cocos, des goyaves (poire
» des Indes), des oranges, présentaient à ces
» peuples fortunés une nourriture saine et
» abondante; des poules, des cochons qui vi-
» vaient de l'excédant de ces fruits, leur of-
» fraient une agréable variété de mets. Ils
» nous avaient vendu plus de deux cents pi-
» geons ramiers privés, qui ne voulaient man-
» ger que dans la main; ils avaient aussi
» échangé des tourterelles et des perruches

» les plus charmantes, aussi privées que les
» pigeons. Quelle imagination ne se peindrait
» le bonheur dans un séjour aussi délicieux !
» Ces insulaires, disons-nous, sont sans doute
» les plus heureux habitants de la terre : en-
» tourés de leurs femmes et de leurs enfants,
» ils coulent au sein du repos et de l'abon-
» dance des jours purs et tranquilles, ils n'ont
» d'autres soins que celui d'élever des oiseaux,
» et, comme le premier homme, de cueillir,
» sans aucun travail, les fruits qui croissent
» sur leurs têtes. Nous nous trompions ; ce
» beau séjour n'était pas celui de l'innocence.»

Soixante-et-un hommes des équipages de LA
BOUSSOLE et de L'ASTROLABE descendirent dans
cette île sous la direction du capitaine Delangle;
l'air de tranquillité et de douceur des naturels
qui abordaient le rivage lui inspira d'autant
plus de sécurité qu'il y avait un grand nombre
d'entre eux qui s'étaient approchés des frégates
dans leurs pirogues pour commercer. Mais
quand M. Delangle fit embarquer son monde
dans les chaloupes, après avoir fait des présents
aux chefs des Indiens, il arriva que ceux qui
n'avaient rien reçu se montrèrent turbulents,
au point d'entrer dans la mer pour suivre les
chaloupes, tandis que d'autres leur lançaient
des pierres du rivage.

« »Comme les chaloupes étaient échouées

» un peu loin de la grève, dit La Pérouse, les
» Français avaient été obligés de se mettre
» dans l'eau jusqu'à la ceinture pour y arriver,
» et dans ce trajet plusieurs soldats avaient
» mouillé leurs armes. Ce fut dans ce moment
» critique que commença une scène d'horreur
» affreuse à raconter. A peine était-on entré
» dans les chaloupes, que M. Delange donna
» l'ordre de les déchouer et de lever le grappin.
» Il s'était posté en avant avec un détache-
» ment, défendant de tirer avant qu'il en eût
» donné l'ordre positif. Il sentait néanmoins
» qu'il y serait bientôt forcé; déjà les pierres
» commençaient à voler de toutes parts, et
» ses soldats faisaient de vains efforts pour
» écarter les insulaires qui entouraient les
» chaloupes à moins d'une toise de distance.
» Si la crainte de commencer les hostilités
» et d'être accusé de barbarie n'eût arrêté
» l'infortuné Delangle, il se fût sans doute dé-
» barrassé de cette multitude d'Indiens, en or-
» donnant de faire sur elle une décharge de
» mousqueterie; mais il se flattait de la conte-
» nir sans effusion de sang, et il fut victime
» de son humanité; car bientôt une grêle de
» pierre lancées avec autant de force que
» d'adresse fondit sur les chaloupes : alors
» le combat de part et d'autre devint géné-
» ral. Ceux des soldats dont les fusils étaient

» en état de tirer renversèrent plusieurs des as-
» saillants ; mais les autres, loin d'en être in-
» timidés, semblèrent redoubler d'acharne-
» ment et de vigueur. Presque tous les hom-
» mes qui se trouvaient dans les chaloupes
» furent atteints. Le malheureux Delangle
» n'eut que le temps de tirer ses deux coups
» de fusil ; il fut renversé dans la mer, où plus
» de deux cents Indiens le massacrèrent sur-
» le-champ à coups de massues et de pier-
» res...

» La chaloupe de LA BOUSSOLE, commandée
» par M. Boutin, était échouée à deux toises
» de L'ASTROLABE, et elles laissaient parallèle-
» ment entre elles un petit canal qui n'était
» pas occupé par les Indiens : ce fut par là
» que se sauvèrent tous les blessés qui eurent
» le bonheur de ne pas tomber du côté du
» large ; ils gagnèrent nos canots, qui très
» heureusement étant restés à flot, se trouvè-
» rent à portée de sauver quarante-neuf hom-
» mes sur les soixante-et-un qui composaient
» l'expédition. Ils arrivèrent à bord et nous
» apprirent cet événement désastreux. M. Bou-
» tin avait cinq blessures à la tête et une à
» l'estomac. Nous avions dans ce moment au-
» tour de nous cent pirogues où les naturels
» vendaient des provisions avec une sécurité
» qui prouvait leur innocence ; mais c'étaient

» les compatriotes de ces barbares assassins,
» et j'avoue que j'eus besoin de toute ma rai-
» son pour contenir la colère dont j'étais ani-
» mé; et, pour empêcher nos équipages de les
» massacrer, je fis tirer un seul coup de canon
» à poudre, pour avertir les pirogues de s'é-
» loigner. Une petite embarcation partie de la
» côte leur fit part sans doute de ce qui venait
» de se passer, car en moins d'une heure il n'en
» resta pas une seule en notre vue. »

C'est de ce lieu funeste que La Pérouse par-
tit pour se rendre à Botany-Bay. Précédemment
il avait pris connaissance de Quelpaert, île de
la mer Jaune, dont l'aspect lui avait paru ra-
vissant; mais il s'était bien gardé d'y aborder,
sachant que les naturels cherchent à y retenir
esclave tout Européen qui a le malheur de
tomber en leur pouvoir.

EXPÉDITIONS DE CASSARD EN AFRIQUE ET EN AMÉRIQUE.

Parti de Toulon pour aller attaquer les Portugais et les Hollandais jusque dans leurs co-
lonies, Cassard se dirigea d'abord vers San-
Yago, il entra dans le port de la Praga, et avant
d'en attaquer le fort, il envoya sommer le gouverneur de se rendre. Cet officier, n'ayant pas

jugé à propos de se défendre, évacua la place,
qui sur-le-champ fut occupée par un détache-
ment de Français. De là Cassard marcha avec
le reste de ses troupes sur Ribeira, capitale de
l'île. Le gouverneur de cette place, sommé de
l'évacuer, obéit promptement, et promit de la
racheter moyennant une contribution de trois
cent cinquante mille livres. Mais il ne tint point
parole, et Cassard, pour l'en punir, fit sauter
les forts, encloua un grand nombre de canons,
en embarqua dix-sept de fonte, enleva deux cents
barils de poudre, toutes les cloches de la
ville, et tout ce qui s'y trouva de marchandises.

Ribeira, ainsi dépouillée, fut incendiée et
entièrement dévorée par les flammes. Emmc-
nant ensuite deux navires portugais qui se trouvaient dans la rade, Cassard fit voile pour la
Martinique, où il radouba ses vaisseaux et fut
renforcé par une escadre de flibustiers. Il se
remit en mer, et prit de vive force ou par ca-
pitulation les îles anglaises de Montferrat et
d'Antigoa, la ville de Surinam dans la Guiane
Hollandaise, et l'île de Saint-Eustache, appar-
tenant aux Hollandais. Après ces expéditions
qui lui avaient déjà valu des sommes considérables, Cassard assembla son conseil et lui
proposa d'aller s'emparer de Curaçao. Les dif-
cultés de cette entreprise épouvantèrent les
officiers, qui, d'une commune voix, lui décla-

rèrent qu'il compromettrait inutilement la
gloire dont il venait de se couvrir, s'il se ha-
sardait à attaquer une île défendue par d'excel-
lentes fortifications, par une artillerie formi-
dable et par une garnison hollandaise plus considérable que les troupes dont il pouvait dis-
poser. Mais Cassard : « — Plus les difficultés
sont grandes, leur dit-il, plus il y a de gloire à
les surmonter. Nos succès passés nous ont
conduits ici, et sont un présage assuré de celui
que nous allons avoir. J'espère tout de votre
courage, espérez tout du mien ; marchons à
l'ennemi. » Ce peu de paroles raniment dans
tous les cœurs le courage qu'y avait glacé l'ap-
préhension du péril. On attaque Curaçao ; l'on
y combat de part et d'autre avec une rare intrépidité, et Cassard trouve encore le moyen
d'effacer par sa valeur celle que font éclater à
l'envi et ses compagnons et ses adversaires.
Enfin il est réduit, par le défaut de munitions,
à accepter, pour le rachat de la ville, une somme de six cent mille livres. Le total des béné-
fices que toutes ces expéditcns avaient valus
tant à lui-même qu'à sa petite armée, fut porté
par-là à plus de neuf millions, mais cependant
bien inférieur à la gloire que de si beaux faits
d'armes firent rejaillir sur la France et sur celui
dont les talents et l'intrépidité savaient ajouter
ainsi à l'honneur de notre pavillon.

FIN DE RELATION D'UN NAUFRAGE

NAUFRAGE DE LA NATHALIE,

Le 29 mai 1826.

OBÉISSANT à ce sentiment naturel qui fait trouver à l'homme quelques charmes dans le souvenir des malheurs qu'il a essuyés, je vais tâcher de raconter le naufrage auquel j'ai miraculeusement survécu.

Dire tous les dangers qui m'ont environné, toutes les douleurs physiques et morales qui ont pesé sur moi et sur les deux matelots compagnons de mon infortune, ce serait impossible. Jamais situation n'a été aussi déchirante. L'imagination la plus vive ne saurait s'en représenter toute l'horreur.

Le navire *la Nathalie*, du port de Granville, mit à la voile pour la pêche de la morue, à l'île de Terre-Neuve, le 25 avril 1826. J'étais second sur ce navire.

Notre traversée fut d'abord assez heureuse. Mais par le 51° 3' de latitude nord et le 56° 58' de longitude ouest, nous rencontrâmes des glaces flottantes. C'était le 29 mai. Nous voguions avec peu d'air. Une glace que nous abordâmes creva le bâtiment. L'eau entrait à grands flots. Ce fut alors une consternation, un désordre, une confusion inexprimables. Ici une stupeur profonde, un désespoir affreux. Un malheureux père avait son fils très jeune encore; il le tenait entre ses bras, et dans l'égarement de sa raison, il criait de toutes ses forces : « Où est mon fils? Oh! de grâce, rendez-moi mon fils; que du moins en périssant je le presse sur mon cœur. »

Le bâtiment s'enfonçait avec une effroyable rapidité. Il fallut renoncer à l'espérance. Tous levaient au ciel des mains suppliantes, faisaient des prières et des vœux, quand, sur les huit heures du soir, le navire disparut!.... Avec lui disparurent, hélas! pour jamais, la plupart des infortunés qui le montaient. Des soixante-quatorze hommes qui formaient notre équipage, dix-sept se sauvèrent dans le canot, qui ne pouvait en contenir un plus grand nombre. On verra dans cet écrit comment quatre autres furent recueillis sur les glaces, et comment j'ai été avec mes deux compagnons arraché à la mort... Cinquante ont péri.

Je coulai avec l'équipage, mais bientôt je revins sur l'eau, et la Providence permit que je trouvasse, tout près de moi, deux morceaux de bois attachés l'un à l'autre. Sur ce frêle asile était le matelot Potier. Je m'y place à côté de lui. En vain nos regards, cherchant quelque moyen de salut, plongent de toutes parts sur le lugubre espace qui nous entoure ; ils ne découvrent que des flots sombres et peu agités. Revenus du fond de l'abîme, notre perte n'était donc retardée que pour devenir plus cruelle.

Cependant nous aperçûmes bientôt une glace plate. Nous nous dirigeâmes vers elle. Après de longs et pénibles efforts nous abordâmes.

J'avais pour tout vêtement une chemise de laine, un pantalon, mes bas et mon chapeau, que j'avais eu le bonheur de retrouver en revenant sur l'eau.

Mon malheureux compagnon n'était pas mieux vêtu. Il n'avait rien pour couvrir sa tête.

Ainsi nous nous trouvions presque nus, à demi gelés, affaiblis, livrés aux plus affligeantes idées. Nous restâmes quelque temps immobiles sur notre glace; mais, ayant confiance en Dieu, et ne voulant pas nous laisser lâchement abattre par le malheur, nous nous mîmes à marcher avec autant de vitesse que notre misérable état le permettait; nous ne pûmes parvenir à rappeler la chaleur.

La brume, le verglas et la nuit vinrent mettre e comble à nos maux. Le froid était si pénétrant que, pour n'être pas entièrement gelés, il nous fallut marcher toute la nuit. Déjà nous sentions vivement l'aiguillon de la faim.

Le matin, dans une éclaircie, nous aperçûmes quatre hommes à une grande distance, et un autre beaucoup plus près de nous. Cela nous fit plaisir. Il semble que les maux deviennent moins pesants quand ils sont partagés par quelques-uns ds nos semblables. Bientôt le temps se couvrit et nous déroba la vue de nos compagnons. Nos regards restaient toujours fixés sur le point où ils étaient. Vers les neuf heures du matin, le temps redevint plus clair. Un bâtiment à trois mâts, nous apparut dans les mêmes parages.

Nos yeux, attachés sur ce bâtiment, le suivaient avec anxiété. Il s'approcha, diminua ses voiles, fit la manœuvre nécessaire pour sauver les quatre malheureux.

Il nous semblait déjà partager leur bonheur. Notre cœur bondissait de joie, l'espérance rayonnait sur nos fronts. Intimement persuadés qu'on nous voyait, nous regardions notre délivrance comme certaine. Nous bénissions Dieu de nous avoir envoyé ce vaisseau sauveur. Nous avions à grand'peine planté dans la glace un aviron dont nous nous étions saisis le jour du naufrage. Nous avions placé sur cet aviron mon chapeau et ma cravate, que nous agitions afin de nous faire plus facilement remarquer. Le malheureux qui était sur une glace, non loin de nous, faisait avec une planche un signal du même genre. Mais, hélas ! notre espérance fut cruellement déçue. Au bout d'une demi-heure, le bâtiment mit ses voiles au vent, louvoya parmi les glaces et s'éloigna de nous, cherchant vainement à sauver d'autres victimes.

Toute la journée le bâtiment resta à notre vue. Nos efforts pour nous en faire apercevoir et pour nous rapprocher de l'homme qui n'était pas éloigné de nous furent également inutiles. La brume et la nuit vinrent. Le bâtiment, sur lequel reposaient de si vives espérances de salut disparut entièrement : alors, comme un poids immense qui a été un moment soulevé, la douleur et le désespoir retombent sur notre cœur et nous plongent dans un morne et affreux silence. Enfin mon compagnon l'interrompit par ces mots simples, mais prononcés d'une voix si triste qu'il me perça le cœur : « Ah! M. Houiste, plus d'espoir... Il nous faut donc périr de froid et de faim, moi qui étais si heureux chez le maître que je servais depuis plusieurs années... » J'essayai de ranimer un peu le courage de mon compagnon et de lui donner quelques motifs d'espérance que je ne partageais pas moi-même.

Nous passâmes cette nuit et la suivante sous la pluie et le verglas, transis de froid, tourmentés horriblement par la faim, d'autant plus accablés que nous avions été près d'être arrachés à notre épouvantable situation. Dieu seul, en qui nous mettions notre confiance, pouvait nous soutenir au milieu de si terribles épreuves.

Nous ne cessions de porter autour de nous des regards avides, dans l'espérance de trouver à notre portée quelque chose qui pût servir à notre nourriture. Le jour, la faim était le plus grand de nos maux. La nuit, c'était le froid. Il ne nous permettait pas de prendre un instant de repos.

Ce même jour, la brume se dissipa, et nous aperçûmes les débris de *la Nathalie* et le même homme que nous avions cherché à joindre le 30 mai. Parmi ces débris, je distinguai, à environ cent pas de nous, une cage à poules. Tout près de nous était une petite glace capable à peine de porter un homme. Je me hasardai à y passer, et avez le couteau de Potier j'y fis une entaille pour placer notre aviron. Alors la glace me servit comme d'un canot pour aborder les débris. Je visitai ainsi beaucoup de petits barils. Il se trouva que tous étaient ou défoncés ou débondés, et pleins d'eau de mer.

Je poursuivis ma route vers la cage à poules, et je parvins à la saisir. Elle contenait quatre poules noyées. A cette vue, ma joie fut inexprimable. Depuis notre naufrage nous n'avions eu pour nourriture que de petits morceaux de glace!...... Je mangeai ou plutôt je dévorai à l'instant une cuisse d'une de ces poules. Ce peu de nourriture me donna quelques forces et beaucoup de courage. Mon triste compagnon ne me quittait pas des yeux. Il vit que je mangeais : cela redoubla sa faim. Alors, les bras tendus vers moi, il me criait d'un ton lamentable : « Ah! M. Houiste, de grâce, apportez-moi à manger. » J'avançai vers lui de toutes mes forces. Il ne cessait de répéter d'une voix altérée et presque éteinte : « Pour Dieu, M. Houiste, venez donc vite. » Nous fûmes bientôt réunis. Nous achevâmes de manger cette poule sans prendre le temps de la plumer. Nous tentâmes en vain d'avaler les plumes. Jamais nous n'avions fait un si délicieux repas,....

Dans le cours de nos recherches, nous trouvâmes une barrique de cidre débondée : avec des efforts incroyables, nous réussîmes à la monter sur notre glace. Il y était entré de l'eau de mer; mais cette eau ne s'était pas entièrement mêlée avec le cidre; quand nous eûmes fait couler à peu près la moitié du liquide que contenait la barrique, le reste nous fournit une boisson supportable.

Une demi-heure après, environ à un demi-quart de lieue au vent à nous, nous découvrîmes une petite chaloupe. Nous tressaillîmes de joie. Cette chaloupe pouvait être pour nous un moyen de salut.

Nous montons sur une autre glace et nous abandonnons notre barrique, peu importante pour nous, car les morceaux de glace nous désaltéraient; mais nos trois poules nous étaient trop nécessaires pour les oublier. Ne voyant

pas les boyaux de celle que nous avions man-
gée, je demandai à Potier ce qu'il en avait fait.
Il me répondit qu'il les avait jetés à la mer.
Cela me mit en colère. Je lui reprochai vivement cette faute, ou plutôt cette irréflexion.

Afin d'avoir des clous, nous ôtions les cer-
cles des bouts de chaque barrique que nous
rencontrions. Comme je savais qu'il fallait deux
fausses pièces à la chaloupe, j'arrachai deux
douvelles d'une de ces barriques. Nous atteignîmes enfin la chaloupe. Elle était entre deux
eaux. Quand nous y fûmes entrés, nous avions
l'eau à la ceinture. Alors le pont sur lequel j'ap-
puyais l'aviron s'élevait seul au-dessus de l'eau.
Dans cet état, un léger poids de plus aurait fait
couler cette chaloupe à fond. Je la dirigeai vers
le malheureux que nous voyions seul, sur une
glace, éloigné de nous d'environ une demi-lieue.

Potier ne savait pas godiller, c'est-à-dire conduire un bateau avec un seul aviron placé à la
poupe. C'était donc toujours à moi de ramer.
Comme cela me fatiguait beaucoup, je conçus
le projet de rendre la chaloupe navigable. A
cet effet, je pris un bout de funin qui était dans
la chaloupe, je le coupai en deux et l'amarrai
au banc, afin de tourner la chaloupe la quille
en haut et d'y placer la fausse pièce. Malgré
des efforts inouïs, nous ne pûmes en venir à
bout. Nous nous remîmes dans la chaloupe, et
je continuai de la diriger.

Un baril de beurre défoncé passa tout près de nous. C'était un objet d'un prix inestimable pour notre nourriture et pour étancher la fausse pièce. J'exhortai Potier à le saisir. Il le fit; mais bientôt il me dit qu'il ne pouvait le tenir plus longtemps, ayant beaucoup de peine à se tenir lui-même. A ma prière, il prit un peloton de ce beurre et lâcha ce baril qui nous aurait été si utile si nous eussions pu le conserver. Peu après, Potier, qui était toujours sur le devant de la chaloupe, sauva une casquette que je reconnus être celle de notre capitaine. C'était un bonheur pour Potier, qui jusqu'à ce moment était resté la tête nue.

Après une heure et demie de travaux sans relâche, nous abordâmes enfin la glace du malheureux que nous voulions joindre. C'était Julien Joret, matelot de notre équipage. Son état était déplorable; un morceau de poule que je lui donnai lui rendit quelques forces. Cette nourriture et le bonheur de se trouver avec nous le ranimèrent. Ignorant sur quoi nous étions portés, il ne savait comment nous avions pu arriver jusqu'à lui; nous lui apparaissions comme des êtres envoyés par miracle. Mais quand il vit que nous étions sur la chaloupe de *la Nathalie,* quand je lui eus assuré que nous avions, avec son secours, la presque certitude de la mettre à flot, sa joie fut au comble. Ce-

pendant ce travail était bien difficile pour nos
forces épuisées. Durant plus d'une demi-heure,
nous nous trouvâmes, Potier et moi, dans l'im
puissance de nous mouvoir. Nos jambes et no
cuisses étaient engourdies par le froid et la fatigue, nous ne les sentions plus. Nous eûmes
bien de la peine à nous mettre debout. Enfin
nous réussîmes à marcher peu à peu et à rappeler un peu de chaleur.

Il se rencontrait sur la glace de Joret plusieurs chemises et une petite chaudière. Il nous
apprit que, le 20 mai, un coffre avait été poussé
près de lui, qu'il avait eu le bonheur de l'arrêter, mais que la mer trop rude en ce moment
ne lui avait pas permis de le vider entièrement.
Cependant le froid qui nous glaçait, Potier et
moi, avait un peu diminué. Réunissant tous
trois nos forces, nous hâlâmes la chaloupe le
long de notre glace. L'eau, devenue un peu
moins trouble, nous permit de voir au fond de
cette chaloupe une veste et le petit marteau du
charpentier. Cette découverte nous causa un
grand plaisir. Cette veste et ce marteau étaient
pour nous d'une valeur inappréciable. On ne
saurait s'imaginer avec quelle avidité on saisit,
dans un extrême danger, les moyens que l'on
croit susceptibles de contribuer quelque peu à
adoucir la rigueur du froid contre lequel on
lutte. Je déposai sur la glace ces précieux ob-

jets, et nous travaillâmes à tourner la chaloupe
la quille en haut. Cette opération exigea les
plus grands efforts. Monté sur la chaloupe, je
pris la mesure de la fausse pièce; et, après
l'avoir tracée sur une des douvelles de la barrique, je chargeai Joret, qui avait un peu moins
froid aux mains, de la tailler avec son couteau.
Pendant que Joret s'occupait de ce travail, Po-
lier pétrissait la pelote de beurre; et moi,
avec le petit marteau, j'arrachais d'une des
planches sauvées par Joret un clou d'environ
trois pouces. Tout étant préparé avec le soin
que nous pouvions apporter à cette opération à
laquelle nous attachions notre salut, je clouai
la fausse pièce, et afin qu'il restât moins d'ouverture pour le passage de l'eau, je mis une des
manches de la veste à servir de frise. Avec une
des chemises de Joret j'essuyai la fausse pièce, et
j'y appliquai la pelote de beurre. Ensuite nous
retournâmes la chaloupe et nous la poussâmes
à la mer. L'eau pénétrait encore, mais notre
chaudière nous servait à l'épuiser.

A peine notre chaloupe était à flot que nous
eûmes connaissance de la terre, à une distance
d'environ dix lieues. Je reconnus que c'était
Belle-Isle et Groays. A cet aspect, l'espérance
augmente et la joie rentre dans nos cœurs.

Une brise légère soufflait du sud-ouest; jusqu'au 2 juin nous continuâmes à nous diriger

vers la terre. Ce jour-là, nous n'étions plus qu'à quatre lieues de Groays, quand sur les dix heures du matin nous fûmes renfermés dans les glaces. Il nous restait pour tous vivres deux poules et demie!...

Vers cinq heures du soir la brume nous reprit; quatre jours se traînèrent dans cette douloureuse situation; nous vivions avec une prodigieuse économie. Pas un os n'était mis de côté. Avec une cuisse, une aile, ou la carcasse, qu'un de nous partageait en trois, nous faisions deux repas par jour! Je proposai à mes compagnons de prendre chacun le morceau qui leur convenait.

Lorsque nos portions étaient faites pour un repas, nous cachions avec soin, dans l'arrière de la chaloupe, le reste de nos vivres, de crainte de céder au désir d'y toucher trop tôt.

Celui de nous qui se trouvait avoir la patte, la mangeait jusqu'aux ergots. Les deux premiers jours, Potier ne pouvait avaler les os. Après les avoir bien mâchés, il nous les donnait à Joret et à moi, qui les avalions sans peine; mais le troisième jour il nous fallut réduire de moitié notre chétive portion ; alors Potier mangea aussi les os, et nous fûmes privés de ce précieux supplément!.....

Je m'arrête pour reposer mon cœur, qui se soulève encore en retraçant des détails si tristes et si dégoûtants. Eprouva-t-on jamais une misère aussi épouvantable?.... Cependant cette misère devait s'aggraver encore!....

Le 6 juin, vers onze heures du matin, le temps s'éclaircit un peu, et nous découvrîmes une trentaine de navires près de la *banquise*, à environ deux lieues à l'est de nous. Auronsnous le bonheur d'être aperçus de ces bâtiments? Nous délibérons sur ce qu'il nous convient de faire. La chaloupe sur laquelle nous avions tant compté faisait corps avec les glaces. Il nous était désormais à peu près impossible d'en tirer parti. D'un commun accord nous résolûmes de tenter de nous rendre à bord par la voie des glaces qui nous paraissaient s'allonger jusqu'auprès des bâtiments. Nous plantâmes dans notre chaloupe, que nous abandonnions à regret, notre aviron surmonté d'une chemise, afin de pouvoir la retrouver si nous n'étions pas sauvés par quelque navire.

Les pieds de nos bas étaient complètement usés. Nous coupons en trois bouts ce qui en restait, afin d'envelopper nos pieds en fixant chaque bout de bas au moyen de plusieurs fils de caret que nous avions décordés d'un bout de funin. Pour mieux défendre nos jambes, nous lions aussi nos pantalons à l'extrémité inférieure. Il était nécessaire de soutenir nos forces défaillantes ; nous mangeons une moitié

de poule; c'était tout ce qui nous restait......
Après avoir fait ces dispositions, et nous être
recommandés à Dieu, nous nous mîmes en
route, munis des deux petites planches qui
nous servaient comme d'un pont pour passer
d'une glace sur l'autre. Les glaces assez unies
nous offraient une route qui n'était pas trop difficile. Nous ne marchions cependant pas bien vite; nous étions si affaiblis! nous avions déjà
tant souffert!......A mesure que nous avancions,
notre courage croissait avec l'espérance. Nous
commencions encore une fois à entrevoir notre
salut. Mais, arrivés à peu près à moitié de la distance qui nous séparait des bâtiments, ô malheur
qui ne peut se décrire! un fort vent du nord-ouest
souffle, divise, détache et éparpille toutes les
glaces..... Notre sort est devenu plus affreux.
Nous ne pouvons ni avancer vers les bâtiments,
ni rejoindre notre chaloupe. Alors, navrés de
douleur, nous montons sur une grosse glace
qui était près de nous; de là, avec nos crava-
tes, nous faisions des signaux. Hélas! tout fut
inutile.

Depuis huit jours, nous n'avions eu pour
soutenir notre déplorable vie que quatre poules noyées... Il ne nous restait plus rien...
Dans ces parages, on voit communément des
loups marins sur les glaces, où ils marchent ou
plutôt se traînent avec assez de lenteur. J'en

avais souvent aperçu dans les dix campagnes que j'avais faites précédemment à Terre-Neuve. Si nous eussions eu le bonheur d'en rencontrer, armés de nos planches, il nous eût été facile de les tuer. Il ne s'en présenta pas.

Ainsi, privés de toutes ressources, abandonnés de toute la nature, dévorés par la faim, demi-morts de froid, le désespoir s'empara de nous.... Les yeux égarés, la bouche ouverte, nous nous regardions en silence...... Cette scène d'angoisse inexprimable dura une heure.... Nous invoquâmes Dieu, cela nous fit du bien. Nous nous abandonnâmes avec confiance à la Providence.

Pour empêcher nos pieds de se geler complètement, nous les tenions dans une agitation continuelle. Quand la fatigue nous forçait de cesser ce mouvement, je m'asseyais sur une de nos planches, vis-à-vis un de mes compagnons, et je portais mes pieds sous ses aisselles, en même temps que les siens se cachaient sous les miennes.

Le même jour (6 juin), sur les dix heures du soir, la brise du nord-ouest faiblit. Les vents du large revinrent et amenèrent la brume et la pluie. La glace à laquelle nous étions comme enchaînés était presque ronde, et si peu étendue, que nous pouvions à peine y faire cinq à six pas. Sur cet étroit théâtre, la nuit fut affreuse. Quand enfin le jour reparut, mes deux compagnons avaient les extrémités des pieds noires et gelées.

Le besoin de sommeil devenait tout-à-fait invincible. Pour y céder, nous nous asseyions sur nos deux petites planches. A peine commencions-nous à dormir, que nous tombions, et l'eau fondue autour de nous par la chaleur de notre corps se gelait et nous forçait de nous réveiller.

Cette déchirante situation se prolongea durant quatre jours.

Le 10 juin, j'observai avec une extrême douleur que nous n'étions plus sur le passage des navires. Nous avions été portés au moins à six lieues dans le sud. Il nous fallait donc renoncer tout-à-fait à l'espoir d'être sauvés par quelque bâtiment. La terre avait reparu à nos regards sur les deux heures du matin. Les glaces nous semblaient serrées jusqu'à la côte. Je dis à mes compagnons qu'il valait mieux mourir en marchant et en tentant les derniers efforts, que de rester sur cette malheureuse glace, où nous ne pouvions désormais attendre qu'une mort inévitable et prochaine. Ils m'approuvèrent, comme ils l'ont toujours fait. Nous prîmes nos deux petites planches, et nous commençâmes notre route vers la terre, dont nous étions éloignés d'environ dix lieues. Il m'est impossible de donner l'idée de tous les tourments éprouvés dans ce cruel trajet, qui dura trois jours.

Nous marchions depuis deux jours; nos blessures, aigries par l'eau de la mer, nous causaient des douleurs atroces. Nous étions au 12 juin; nous crûmes que ce jour-là serait le dernier de notre vie. A une demi-lieue de terre les glaces nous manquèrent... Jusque-là il nous était resté quelque espoir; à ce moment il s'évanouit tout-à-fait. Sur notre glace s'arrondissait une voûte en forme de champignon. Nous nous jetâmes sous cette voûte; mes deux compagnons languissaient étendus sur la glace, adossés l'un contre l'autre. Pour moi, je m'étais assis; la tête appuyée dans les mains, l'âme gonflée de tristesse, accablé de désespoir, je priais Dieu de nous délivrer de la vie.

Bientôt cependant ce sentiment qui s'éteint le dernier dans l'homme, le désir de sa conservation, se réveille, et nous détermine à faire de nouveaux efforts pour échapper à la mort près de nous frapper.

Les vents du large s'étaient levés et avaient poussé les glaces plus près de la côte. Cela nous rendit un peu de courage. Au milieu des souffrances que nous avions pu supporter, mais que nous ne saurions exprimer, nous continuâmes à marcher vers la terre. Nous la touchions presque cette terre tant désirée. A peine un quart de lieue nous en séparait.... Mais, ô ciel! ce quart de lieue était une mer sans glace...

Nous fûmes atterrés, le désespoir revint. Nos regards se portèrent tristement vers le ciel, et nous nous dîmes adieu. D'une voix presque éteinte, nous prononcions nos derniers regrets. Il est si dur de mourir loin des lieux qui nous ont vu naître, loin de nos parents et de nos amis!... Le souvenir de ma jeune épouse, que je quittais pour la première fois depuis notre union, me poursuivait sans cesse et ajoutait un nouveau poids à mes maux.

La Providence qui veillait sur nous me rappela à moi-même, me redonna quelque lueur d'espérance, et m'inspira un idée salutaire. Une petite glace était près de nous : « Courage, dis-je à mes compagnons, encore plus abattus que moi : courage, mes pauvres amis; tâchons de monter encore sur cette glace, et là nous allons nous abandonner à ce qu'il plaira à Dieu. »

Mes compagnons me suivirent, et nous vînmes à bout d'atteindre cette glace. Avec nos petites planches nous la dirigeâmes assez heureusement vers la terre. Mais, ô douleur! cette nacelle de neige gelée se divise en deux morceaux..... Un de mes compagnons était sur un de ces morceaux, à moitié dans l'eau, près de périr. Nous serrons vite nos planches sous nos aisselles, et le saisissons par les mains. Nous tenant ainsi tous les trois en forme de cercle, nous eûmes le bonheur de nous maintenir sur notre glace fendue, que nous faisions péniblement mouvoir en la poussant de nos pieds, appuyés contre les aspérités dont elle était hérissée. Dans cette périlleuse situation, nous abordâmes une autre glace; nous en changeâmes quatre fois dans cette journée. Enfin les dernières difficultés furent surmontées, et nous atteignîmes la terre. C'était le 13 juin, vers les cinq heures du soir.

Nous la touchions donc, cette terre que nous appelions de tous nos vœux, où nous tendions de toutes nos forces, cette terre que nous regardions comme le terme de nos maux... Hélas! que nous nous abusions... Accablés de tout ce que nous avions souffert, nous tombâmes sur l'herbe. Nous prîmes un peu de repos. Nous avions la confiance que le sommeil nous ferait du bien. Il en arriva bien autrement; le réveil fut terrible. Le malheureux Joret était aveugle...... ni lui ni Potier ne pouvaient faire aucun mouvement. Par bonheur, j'avais un peu plus de courage et de force. Je me traînai sur les genoux et les coudes vers le *plain*, où je trouvai des moules dont je remplis mon chapeau. Quoiqu'il n'y eût qu'une vingtaine de pas, j'eus bien de la peine à les rapporter. Nous dévorâmes ces moules avec une avidité inconcevable; nous avalions jusqu'aux écailles. Depuis sept jours nous ne vivions que de glace.

Cependant les plus tristes réflexions viennent nous assaillir. Nous ne pouvons aller au loin chercher des secours; d'ailleurs cette côte était-elle habitée? N'avions-nous pas à craindre les bêtes sauvages, surtout les ours, communs dans cette contrée? Quel moyen de nous défendre de leurs attaques? Nous n'avions donc fait que changer de danger... Des copeaux et des morceaux de biscuit que je vis passer sur la mer, le long du rivage, vinrent bientôt m'arracher à ces sombres pensées et m'apporter une indicible joie.

L'infortuné Joret ne pouvait se remuer; il ne pouvait pas même aller à une mare à six pas de nous. Je m'y traînai, et je lui apportai de l'eau dans mon chapeau. Après avoir fait à peu près cinquante pas, je tombai d'épuisement.

Je me ranimai, afin de revenir mourir près de mes compagnons. Il me semblait que la mort me serait moins amère si je la recevais à leurs côtés. Ensemble nous avions souffert, ensemble nous devions mourir.

Avant de rendre le dernier soupir, je voulais écrire nos noms sur une pierre. Peut-être seraient-ils découverts et transmis à nos familles. Nous ne pouvions pas même jouir de cette triste consolation. Mes mains étaient tellement paralysées, qu'elles ne me permettaient pas de tenir un couteau.

Le lendemain 17 fut un jour de bonheur. Le temps devint beau. Pour la première fois nous ressentîmes une chaleur bienfaisante. Joret recouvra la vue. Ce fut lui qui, le premier, aperçut, vers les quatre heures du soir, sur la baie où depuis le matin nos regards étaient toujours fixés, une goëlette anglaise qui longeait la côte Notre cœur se rouvrit à l'espérance. Je parvins à me mettre debout, et j'engageai mes compagnons, qui ne pouvaient plus se lever, à crier de toutes leurs forces avec moi. Nos cris égalaient à peine ceux d'un enfant; ainsi les Anglais ne pouvaient nous entendre; mais ils nous aperçurent. Nous les vîmes s'embarquer dans leur petite chaloupe et se diriger vers nous. Je n'essaierai pas de dire quelle fut notre joie; c'était une ivresse, un transport, un délire au-delà de toute expression. Nos cœurs, si longtemps et si douloureusement affectés, se fondaient... Enfin **nous versâmes** d'abondantes larmes!

A mesure que nos sauveurs s'approchaient, ils ramaient avec plus de force. La peine que nous avions à nous traîner vers le rivage leufaisait déjà comprendre que nous étions dans la plus affreuse détresse. Aussitôt qu'ils eurent abordé, trois d'entre eux s'élancent de la chaloupe, et nous prennent dans leurs bras pour nous embarquer. Ces bons Anglais pleuraient comme des enfants. Nous étions aussi dans un état tout-à-fait digne de pitié. Couverts de plaies, à demi nus, décharnés, les yeux caves et presque éteints, à peine conservions-nous un reste de figure humaine. On eût dit des cadavres arrachés du fond des tombeaux.

Le capitaine anglais nous porta dans le havre de Fourché, sur le bord duquel nous étions, et nous remit à une habitation française. Là j'éprouvai un sentiment bien pénible. La plume me tombe des mains. Des Anglais nous avaient accueillis avec tant de bonté, et des Français, indignes de ce nom, si justement illustré par tous les sentiments nobles et généreux, ne nous témoignaient que de l'indifférence. Je ne nommerai pas le capitaine et son chirurgien, ce serait appeler sur eux le mépris et l'indignation. Je les plains d'avoir étouffé dans leur cœur cette sensibilité si naturelle et si française, qui porte l'homme à compatir aux souffrances de ses semblables, alors surtout que l'on est témoin de leur horrible détresse.

Le 19 juin, nous partîmes de Fourché. Peu après, le capitaine anglais me fit apercevoir un brick français, que je reconnus être *la Bonne-Mère*, de Granville. A ma prière, le bon capitaine anglais me fit mettre à bord. Deux hommes du brick me donnaient la main pour m'aider à monter. Ils me recevaient croyant que j'étais un Anglais malade; mais bientôt un d'eux me reconnaissant, s'écria : C'est le *second de la Nathalie!* A ce mot tout l'équipage de *la Bonne-Mère* poussa des cris de joie. Je m'empressai de dire à M. Helain, armateur de ce navire, que deux compagnons d'infortune, encore plus malades que moi, étaient sur la goëlette anglaise. Aussitôt M. Helain envoya avec son médecin des hommes pour les apporter à son bord. Ainsi nous quittâmes le généreux Anglais à qui nous devions la vie. Son nom est Witheway, capitaine de la goëlette *les Frères de Saint-Jean*. En nous séparant de lui, nous versions des larmes de reconnaissance.

Nous devons aussi une vive reconnaissance au digne M. Helain, à son médecin et à tout son équipage. Nous avons reçu avec surabondance, sur son bâtiment, tous les secours que réclamait notre situation. Nous y avons été constamment traités avec une affectueuse amitié. Helain, Witheway, vous nous avez prouvé qu'il est des hommes dont la conduite honore l'humanité. Que l'estime universelle, que la protection du ciel soient à jamais votre partage!

Enfin nous avons été rendus à nos familles avec une santé délabrée, un estomac ruiné, une constitution altérée. L'excellente nourriture que nous trouvions sur le bâtiment de M. Helain me rétablit lentement. Au bout de quelques jours, j'éprouvai un affaiblissement, un anéantissement complet de mes forces physiques. Il me survint un dépôt à la tête, causé probablement par l'usage de l'eau de glace.

NAUFRAGE DE LA CORVETTE FRANÇAISE L'URANIE.

L'expédition de la corvette l'*Uranie*, qui dut naissance aux loisirs de la paix rendue à la France par le retour des Bourbons, en 1816, suivit de près le voyage et le drame de la *Méduse*, et faillit se terminer aussi par un grand malheur.

Son but, du reste, était scientifique.

Il s'agissait d'expériences de physique plutôt que de découvertes.

M. de Freycinet, capitaine de vaisseau, avait le commandement de l'*Uranie*, que l'on avait équipée avec toutes les précautions que prescrit un long et périlleux voyage. Secondé par des savants et des naturalistes de la plus haute distinction, M. de Freycinet, qui amenait avec lui sa jeune femme sans crainte des dangers qu'elle allait affronter et des fatigues d'une longue navigation qu'elle allait endurer, mit à la voile de Toulon, le 17 septembre 1817.

Les vents contraires forcèrent l'expédition à relâcher à Gibraltar,

Il arriva ensuite aux Canaries le 22 octobre. Assurément l'île de Ténériffe, avec son haut pic et son curieux volcan, était un lieu propre aux observations : mais il ne fut permis à M. de Freycinet de descendre à terre qu'après une longue quarantaine : il préféra faire voile pour le Brésil.

En effet, l'*Uranie* entra, dans la nuit du 6 décembre, dans le port de Rio-Janeiro, et n'en ressortit que le 29 janvier 1818. Ce fut dans cette relâche que l'on se livra aux premiers travaux confiés à l'expédition.

L'*Uranie* toucha ensuite au cap de Bonne-Espérance, en traversant tout l'océan Atlantique de l'ouest à l'est, puis à l'Ile de France, que les traités de 1815 venaient de nous enlever, et qui était devenue anglaise sous le nom d'Ile Maurice.

Là, le capitaine de Freycinet, avec l'autorisation des représentants de l'Angleterre, dressa un observatoire où l'on continua les études commencées à Rio-Janeiro, qui précisément se trouve sous la même latitude, bien qu'à plus de 100° de longitude de distance.

Alors l'expédition francaise se rendit directement sur les côtes de la Nouvelle-Hollande, et atteignit la baie des Chiens-Marins, de Dampier, dont les rivages n'offrent que d'immenses déserts de sable, sans aucune sorte de végétation.

Après un court séjour sur cette terre de désolation, on mouilla, le 23 octobre, dans la baie de Coupang, à Timor, où les Portugais jadis avaient un fort, que les Hollandais prirent sur eux en 1643. Les habitants étaient alors occupés aux préparatifs d'une guerre que les Hollandais allaient entreprendre contre un radjah de Timor, ce qui rendait les vivres si rares et si chers que l'équipage eut beaucoup de peine à s'en procurer.

La corvette remit à la voile cinq ou six jours

après, assez mal approvisionnée, et avec plusieurs
hommes malades de la dyssenterie. Le calme et les
vents contraires la retinrent longtemps entre l'île
de Timor et celle d'Ombay, dont les noirs habitants
sont très féroces et anthropophages.

Enfin l'*Uranie* fut pourvue de vivres frais et abon-
dants, en faisant relâche à Dilly, un des grands
établissements du Portugal, sur la côte septentrio-
nale de Timor. M. de Freycinet y reçut l'accueil
le plus flatteur du gouverneur, don Jose Pinto. Dès-
lors le bâtiment put s'acheminer vers le sud de l'O-
céanie.

Elle rencontra sur sa route plusieurs pirogues ar-
mées, qui appartenaient au *kimalaka* ou chef de l'île
Guébé. Ce kimalaka vint à bord de la corvette et y
passa tout un jour. Il fournit au capitaine de nombreux détails sur son pays et ses expéditions mari-
times, et il le pressa beaucoup de visiter Guébé, où
il l'assura qu'il trouverait un port excellent, une
aiguade facile et des rafraîchissements. Mais le capitaine français ne pouvant se rendre à son désir,
le kimalaka lui fit entendre qu'il irait le visiter avec
son frère, à l'île Waighiou, où les Français, ayant
laissé de bons souvenirs, devaient être bien accueillis par les naturels.

L'*Uranie* courut quelques dangers dans le mois
de décembre, en traversant les détroits qui séparent
les nombreux archipels de cette partie du globe.
Les courants, la saisissant pendant la durée d'un
calme, la poussèrent sur des bas-fonds. Ses ancres
la retinrent heureusement jusqu'au moment où des

vents favorables lui permirent de les relever et de vaincre le courant à force de voiles.

L'ancre fut de nouveau jetée, le 16 décembre, sur la côte de l'île Rawak, au nord de Waighiou. Aussitôt les savants de l'expédition firent élever un observatoire, dans l'une des positions les plus favorables qu'on put trouver pour les observations du pendule. On était perpendiculairement sous l'équateur, à une minute et demie de latitude sud. Après un certain séjour sur cette côte, les Français se disposaient à quitter leur mouillage, lorsque tout à coup ils entendirent une musique de tam-tams, de tambours, de timbales et d'autres instruments : presque en même temps, ils découvrirent, à la pointe de l'île, la flotte du kimalaka de Guébé, qui, selon sa promesse, venait rendre visite à l'expédition française et à son capitaine. Le kimalaka était accompagné de ses fils et de ses frères, au nombre de huit, se distinguant tous, aussi bien que lui, par leur bonne mine et leur physionomie spirituelle. La cour de Guébé demeura à bord jusqu'au départ de la corvette, qui eut lieu deux jours après.

Enfin l'*Uranie* mouilla à Guam, la plus méridionale des îles Mariannes, où son équipage se rétablit entièrement, par suite des excellents soins du gouverneur le l'Archipel, don Jose de Medinello y Pineda.

De Guam l'expédition se rendit à l'archipel des îles Hawaï ou Sandwich. L'*Uranie* fut en vue d'Owhyée le 5 août 1815. Malheureusement pour nos navigateurs, le chef de ces îles, Tamaamaha, venait de mourir, et en signe de deuil on avait tué tous les cochons de l'archipel, circonstance très fâcheuse pour la corvette, qui avait besoin d'être ravitaillée. D'autre part, le successeur du chef défunt, Rio-Rio, avait un ministre, Karai-Mokou, qui demanda à recevoir le baptême. Le chef vint en faire la demande à bord. Il était accompagné de ses femmes et d'une suite nombreuse. La cérémonie se fit sur le pont de la corvette, avec toute la pompe possible. Ce fut l'abbé de Quelen, cousin de l'archevêque de Paris en ces jours, qui donna le baptême, auquel assistaient toute la famille du chef et ses principaux officiers. Les femmes étaient dans leurs plus brillants atours de négresses, et elles furent frappées surtout du costume splendide du chapelain et de la beauté de l'image de la sainte Vierge, qui était placée sur l'autel. L'équipage de l'*Uranie* et tout l'état-major de M. de Freycinet étaient revêtus de leurs riches uniformes. Quant au chef Rio-Rio, il demeura assis pendant la messe, et fuma sa pipe avec un sang-froid sans pareil.

L'expédition gagna ensuite le port Jackson de la Nouvelle-Hollande. On y travailla de même selon le programme confié aux études des navigateurs. M. Macquarie, gouverneur de la colonie anglaise, se montra pleins d'égards pour les Français.

Le 20 janvier 1820, la corvette doubla la pointe méridionale de la Nouvelle-Zélande. Elle eut alors des vents favorables qui la portèrent rapidement sur les côtes de la Terre de Feu, dans l'hémisphère occidental. Cette Terre de Feu fut reconnue le 5 février, à la hauteur du cap de la Désolation. Ces côtes présentèrent l'aspect le plus effrayant, et cependant on était en été dans ces parages.

L'*Uranie* avait doublé le cap Horn au milieu d'une tempête, et déjà à la hauteur des îles Malouines elle trouva une mer plus unie et des cieux plus sereins. Ce fut dans un moment où alors nul danger n'existait plus, et pendant qu'elle cherchait l'entrée de la baie des Français, sur les bords de laquelle, jadis, Bougainville avait créé un établissement français, que la corvette se trouva subitement arrêtée par les pointes d'un rocher.

C'était le 14 février.

La brise soufflait si fraîche et si douce que les perroquets étaient dehors. Aussi la secousse que le rocher imprima causa-t-elle d'abord plus de surprise que d'effroi. Dès qu'on eut touché, le cri général fut celui-ci :

— Aux pompes ! aux pompes !

Tout le monde y courut. Peine inutile ! l'ouverture faite au flanc de la corvette était trop large pour qu'on pût épuiser l'eau à laquelle elle donnait entrée. Il entrait plus d'eau dans ses flancs que dix pompes n'en auraient fait sortir. Douze heures se passèrent dans des travaux sans résultat et dans d'affreuses angoisses. Enfin le maître d'équipage monta sur le pont pour déclarer qu'il fallait renoncer à une fatigue infructueuse. La cale était pleine d'eau, le bâtiment allait sombrer.

Chose étrange ! cette nouvelle, au lieu de consterner les gens de l'équipage, appela le sourire sur ses lèvres. Selon la méthode et le caractère français, on y répondit par des quolibets.

Il était nuit cependant, et les ténèbres d'ordinaire font accueillir un événement d'une façon plus sinistre et avec des pensées plus lugubres. La terre, en outre, était à plusieurs lieues. On ne pouvait que difficilement sauver les hommes, et on l'espérait peu. Et cependant nos matelots riaient et devisaient sans soucis; ils faisaient le plus étonnant échange de plaisanteries sur la mort, sur le plaisir de boire à la grande tasse, et pour s'y préparer et se mettre en goût, ils vidaient les bouteilles qui se trouvaient à leur disposition. Jamais naufrage ne trouva des victimes plus heureuses de leur sort. Personne n'avait de terreur dans l'âme, pas même la jeune femme du capitaine de Freycinet, qui avait pris part à l'expédition avec ce courage, cet intérêt, cette curiosité qui signaleraient un homme d'étude et désireux d'acquérir des connaissances.

M. Duperré, qui depuis s'est rendu fameux, était, dans ce voyage, le second du commandant de Freycinet.

M. Duperré, nonobstant les ténèbres, alla à la découverte du lieu le plus propice pour faire échouer le navire, et l'ayant trouvé, il y remorqua la corvette, qu'il fit abattre de façon que l'équipage pût attendre sans danger le jour suivant. L'*Uranie* se coucha donc sur le lit de rochers qu'elle ne devait plus quitter, et où on l'étaya avec le secours de vergues.

Enfin, le jour parut, et avec lui apparut une

plage sablonneuse, à laquelle succédaient de larges plaines herbues monotones, infinies, tristes à voir, que sillonnaient à peine quelques cours d'eau et que capitonnaient des étangs. L'horizon était borné par de hautes montagnes arides. Mais pas un arbre, pas la moindre végétation ne se montrait ni sur les monts ni dans la plaine.

Tel était l'aspect des îles Malouines.

Cependant la position n'était plus tenable à bord. En se retirant, la marée avait contraint le bâtiment à s'incliner davantage, et la mer entrait et sortait par le sabord de la batterie. On dut se résigner à abattre les mâts, et il fallut aviser à se réfugier sur la terre ferme.

Auparavant, l'équipage fut employé à porter sur le rivage tout ce qui devenait indispensable pour un établissement. Mais la nécessité de réserver un grand nombre de bras au maniement des pompes fit que l'on ne donna pas autant de soins qu'il eût fallu peut-être au sauvetage des objets utiles. On dut alors faire de fréquents voyages à la corvette et on en tira tout le biscuit et toute la poudre. Comme on avait remarqué que l'île était abondante en gibier et qu'on y avait vu errer des chevaux, des bœufs et des porcs sauvages, provenant de ceux que jadis Bougainville y avait amenés de France pour les besoins de la colonie française qu'il avait fondée aux Malouines, on se réservait d'en faire la chasse et de tuer, pour la nourriture de l'équipage, tout ce qui se trouverait à la portée du fusil. En outre, la côte fourmillait de phoques, d'oiseaux

de mer, d'oies, de canards. De sorte que, à peine
fut-on débarqué, les matelots mirent à mort, dans
le voisinage d'un petit étang, un énorme et vieux
phoque, qui y passait ses derniers jours. Cet ani-
mal colossal ne pesait pas moins de deux mille livres; aussi fournit-il aux Français naufragés un
aliment gras et huileux qui fut de longue durée.
N'avait-on rien à manger? c'était dans cette masse
énorme que l'on taillait le menu du jour.

Enfin, tout fut disposé pour le campement. Fort
près de la plage, mais à l'abri de quelques dunes
de sable, et le long d'un petit ruisseau d'eau douce,
on dressa les tentes du commandant, de l'état-major et de l'équipage entier. On fit régner à terre le
même ordre que si l'on eût été à bord; les rapports
respectifs furent maintenus, la plus grande disci-
pline fut gardée, et l'on aurait pu se croire encore
sur l'*Uranie*.

Une fois installés, nos marins songèrent à se procurer des provisions, car les Français n'étaient pas
moins de cent. Aussi les chasseurs et les pêcheurs
se partagèrent les rôles. Comme je l'ai dit, le gibier
ne manquait pas, et on revenait chaque jour chargé
de butin.

Cependant, dans le campement, tout chacun
avait son travail. On était loin de rester oisif,
parce que chasseurs et pêcheurs s'aventuraient en
courses et en recherches. A terre, comme à bord,
chaque matin, la cloche appelait l'équipage au travail. Les uns s'empressaient d'aller arracher à la
corvette ce qui était nécessaire pour construire un

autre bâtiment; les autres préparaient la tourbe
qui devait servir à la cuisson des aliments. Char-
pentiers et ferronniers donnaient leurs soins au
pontage de la chaloupe, que, à la dernière extrémité, l'on devait envoyer vers le continent américain, en quête de secours. On songeait si sérieuse-
ment à cette entreprise bien difficile pourtant, que
l'on avait fait choix des matelots qui tenteraient l'a-
venture.

Malgré cette position difficile, les savants de l'expédition ne restaient pas oisifs et travaillaient, de
leur côté, à enrichir leurs études précédentes de
nouvelles découvertes en botanique, en zoologie, etc.

Ce fut en explorant les plaines herbues et les
collines chargées de plantes que M. Quoy, le médecin du bord, poussa ses investigations jusqu'au
village que Bougainville avait fait élever par les
colons français et qui avait reçu le nom de Saint-
Louis. On n'y voyait plus que des ruines; les maisons étaient debout encore, mais sans portes, sans
toiture. C'était à se sentir ému de douleur, car c'é-
tait un souvenir de la patrie, ce hameau désert!
Autour des chaumières, le docteur retrouvait ci et
là des plantes potagères de notre France et toutes
les traces d'une civilisation évanouie. M. Quoy, à
son retour, fut très étonné de voir, à quelque
distance du village, s'élever une colonne de fumée.
Il s'approcha et trouva un feu de tourbe allumé depuis plus de deux mois, par l'équipage d'un navire
anglais, ainsi que l'attestait une inscription écrite
sur la muraille de la dernière maisonnette. Le

terrain tourbeux brûlait peu à peu, et c'est ainsi que le feu s'entretenait depuis si longtemps.

Hélas! l'hiver approchait, l'hiver avec son cortége de vents, de neiges, de frimas et de mauvais jours. Les hommes de la corvette n'étaient plus aussi philosophes qu'au moment du naufrage. Encore quelques mois, et peut-être de ces cent hommes bien vivants ne resterait-il plus que des cadavres! Déjà les pinguoins avaient dit adieu à leur île; les phoques commençaient à disparaître. Bientôt l'île ne pourrait plus suffire à nourrir autant de monde. La perspective était sinistre et les idées fort peu gaies. Qu'aucun navire ne paraisse sur ces côtes, et c'en est fait de tous les naufragés! Que l'on envoie la chaloupe à la découverte de l'Amérique; mais arrivera-t-elle jamais à une si grande distance? Je vous laisse à penser quel était l'effroi de nos infortunés compatriotes...

Enfin, un jour, jour béni! c'était le 15 avril 1828, une voix de matelot fait entendre le bienheureux cri : Une voile! une voile à la mer! Officiers et simples gens de l'équipage accoururent en hâte; en effet, un navire apparaît au large. Aussitôt la chaloupe est mise à la mer. On vogue avec rapidité, on atteint le vaisseau tant désiré. C'est un bâtiment américain, une goëlette en cours de pêche. On s'abouche avec le maître de la goëlette, on négocie l'achat de son embarcation.

Mais comme un bonheur n'arrive jamais seul, apparaît bientôt un autre navire américain, qui vient précisément à l'archipel des îles Malouines pour réparer une voie d'eau. On entre en pourparlers avec le capitaine, qui se charge de transporter à Rio-Janeiro l'équipage de la corvette et les produits de l'expédition.

En effet, tout fut prêt pour le départ, le 27 avril 1820.

On fit aussitôt voile pour les côtes du Brésil, où l'on toucha vers la mi-juin, à Rio-Janeiro.

Après une relâche dans ce port jusque vers la mi-septembre, le bâtiment américain fut acheté par M. de Freycinet, qui le pavoisa sous le nom de *Physicienne*, et l'expédition rentra au Havre, le 18 novembre 1820.

FIN.

Limoges. — Imp. Eugène Ardant et Cⁱᵉ.